シリーズ社会政策研究

1

福祉国家の社会学

21世紀における可能性を探る

三重野 卓 編

東信堂

『シリーズ社会政策研究』の刊行に寄せて

21世紀を迎え、時代はますます混迷を深めている。経済成長は停滞し、失業者数は増大し、社会経済システムの構造改革が緊急の課題となっている。社会不安は広がり、将来に対する不透明感が蔓延している。

1970年代に、脱工業化社会論が提唱されたことがあったが、その後のIT革命によって、社会の情報化はさらに進んだ。経済のサービス化、ソフト化、グローバル化の動向もさらに進んでいる。他方、人口の少子高齢化が進展するなかで、「格差拡大社会」「階層化社会」の予兆も感じられる。こうした時代閉塞の状況のなかでこそ、福祉や「生活の質」に関する議論が必要となる。

第一に、福祉をめぐる社会状況がいかなるものであるかを正しく認識し、将来を予測することが不可欠である。第二に、そうした状況を一定の社会的価値に基づいて「評価」することも必要である。第三に、社会状況を望ましい方向に誘導するための社会政策や社会計画の策定のための情報をいかに入手するか、そして社会システムをいかに設計するか、といったことが問題となる。第四に、実際の計画化とともに、マクロな社会構想の視点も不可欠である。

こうした状況を考慮に入れて、本シリーズでは、社会政策をめぐる理論的、実証的、実践的な課題へ対応するため、社会政策をめぐる特定のテーマに焦点を合わせた企画を推進する。社会政策の構築をめざしたシンポジウム、講演、対論、報告、そして研究論文などを編集して読者に提示することにしたい。これによって現代的な福祉に関する課題、問題意識、そして、ヴィヴィッドな議論、臨場感を読者に伝えられればと思っている。

本シリーズが一人でも多くの方々に活用され、社会政策研究の発展、問題解決的な社会政策の発展のために寄与することを心から望んでいる。

2001年10月

「シリーズ社会政策研究」企画会議

小笠原浩一、武川正吾、三重野卓、山田昌弘

はじめに

二〇〇一年七月一日(日曜日)の午後二時、この暑く長い夏を予感させる昼下がり、藤村正之、武川正吾、下平好博、鍾家新、そして、私、三重野卓が、東京新宿の談話室「滝沢」に集結した。振返ると二〇〇〇年秋、一一月一二日(日)、広島国際学院大学で開催された日本社会学会のテーマセッション『福祉国家・福祉社会研究のニューフェーズ——社会政策分析への社会学的接近』の原稿を、本として出版する打ち合わせのためであった。会合は、一時間半でスムーズに終わり、われわれは、暑い新宿の街の中に、それぞれ散っていった。

遡れば、一九八〇年代のはじめ、西欧世界において戦後、最も有力な理念であった福祉国家が、当時の経済的停滞、財政の伸び悩みの中で、批判にさらされた。しかしながら、その後、二〇年、西欧世界では、福祉国家、社会政策に対する計量的研究、国際比較、類型論の研究などが盛んになされた。また、福祉多元主義の立場からの理論的、実証的な研究もなされていた。それに対して、わが国の社会科学、とりわけ、社会学では、それらの研究が相対的に遅れていたが、一九九九年、福祉国家・福祉社会、および社会政策に関する単独の著書が、藤村、武川により、次々と出版された。そういう研究動向、研究の活性化を目の当たりにして、三重野が、藤村、武川両氏と相談し、「日本社会学会ニュース」第一六九号(二〇〇〇年四月二八日)に次の募集の文書を掲載し、テーマセッションの研究発表者を募った。

①コーディネーター(司会者)……三重野　卓
②趣旨
　近年刊行された社会学徒による福祉国家・福祉社会論の単著、武川正吾『社会政策のなかの現代』(東京大学出版会)、藤村正之『福祉国家の再編成』(東京大学出版会)の二著を手がかりとして、福祉国家・福祉社会研究の新しい方向性を考察する部会を企画致します。欧米では長く議論の蓄積と展開をみせている福祉国家研究ですが、日本の社会学領域においても、上記の著作が登場したことによって、これまで個別的に行なわれていた分析が、まとまった形で本格的に議論される時代に突入したものと思われます。両書の特徴は、福祉国家・福祉社会に関する分析を積極的に社会学的(あるいは社会科学的)概念を駆使して行なおうとしている点と、分析視点・分析結果がそれを通じて現代社会論を展開していく格好の地点を提供している点にあると判断されます。

　この部会で構想しておりますのは、厳密に限定された意味での両著の書評セッションということではなく、二著に触発される形で報告者各自が立てられた問題設定を、二著のどちらかのキーワードや論点と関連づけながら、これまでのご自身の研究報告の中で展開していただくというものです。二著から浮上するキーワードとしては、グローバリゼーション、ジェンダー／家父長制、政府間関係、市場と国家、NPOとボランティア、福祉情報の普及などがあります。上記著者のお二人には著作全体の論点整理とその後を含めた問題提起での報告参加の内諾をいただいています。著者・報告者・フロア参加者との福祉国家・福祉社会研究の多面的な参加の過程を通じて、結果として二著が社会学的な検討の土俵のどこに位置づけられるのかを相対的に確定していくことをこの部会の設定目的としたいと思います。多くの方々の報告参加・フロア参加を期待しております。

③キーワード……福祉国家、グローバリゼーション、脱商品化、脱家父長制化、福祉多元主義

上記の呼びかけに応じて、下平と鍾が名乗りをあげ、われわれ、五名による共同研究が始まった。下平は、グローバリゼーションというキーワードに対応して、その立場から福祉国家について検討し、鍾は、中国、社会主義との関係で、福祉国家について解明することに決定した。

日本社会学会大会の前日、広島のホテルのロビーでの、テーマセッションに提出する発表資料をもとにした打ち合わせ、議論、その後の酒宴を今でも懐かしく思い出す。学会当日、富永健一氏を

はじめとする諸先生方から有益なコメントをいただき、セッションは、盛会に終わることができた。その後、二〇〇一年春、テープ起こしの原稿をもとにした出版について、武川から三重野に提案があり、東信堂の下田勝司社長が出版を引き受けて下さることになり、七月一日を迎えることとなった。『福祉国家の社会学』という本書のタイトルは、武川の提案で、皆が同意したものである。われわれは、この夏、「ひと夏の経験」として、同テーマセッションをもとに、その後の研究をも踏まえ、一冊の小冊子にまとめることを決意し、以下の日程による作業に合意し、共同作業に入った。

①藤村、武川、下平、鍾は、各自の講演録に修正、加筆を施し、完成させ、七月二一日に社会政策研究ネットワーク(SPSN)の五周年記念シンポジウムのとき、三重野にフロッピーを提出する。ちなみに、われわれ五名は、同ネットワークの運営委員である。また、三重野、下平、鍾は、新たに執筆する第Ⅲ部の原稿作成を開始する。
②七月中旬に武川、三重野が東信堂側と会合を持ち、詳細を詰める。
③七月下旬から、三重野は編集作業に入る。他の四名は、討論の部分の修正、加筆の作業に入るとともに、各質問者にも修正、加筆を依頼する(締めきり、八月中旬)。
④八月二〇日を、第Ⅲ部、つまり、「『テーマセッション』、その後」の三重野、下平、鍾論文の締めきりと設定。

⑤八月下旬に、三重野が、全体の調整を行なう。
⑥八月末日、東信堂に原稿、フロッピーを提出する。

かくして、八月末日、われわれの「ひと夏の経験」は終わった。間もなく、暑い暑い夏が終わり、また、秋が来るであろう。われわれ五名は、この夏を決して、忘れないと思う。

本書の多くの部分は、話し言葉、討論のスタイルをとっている。各自の息づかい、白熱した議論、臨場感、学問的情熱、熱気が、読者の皆さんに伝われば、望外の幸せと、われわれ一同、思っている。そして、本書が、ひとつのハーモニーを奏で、リズムをなしているとしたら、成功とわれわれは思っている。読者の皆さんの評価を待ちたい。

また、われわれは、それぞれ、現代日本の社会、経済状況、そして、福祉国家、社会政策をめぐる状況に、それなりの危機感を抱いているつもりである。市場原理、競争原理が優勢な時代状況の中で、本書が福祉国家の再編に少しでも貢献できればと考えている。そして、福祉国家、社会政策の社会学的研究に、ひとりでも多くの方が参画して下さることを願っている。

本書をこのように出版できることについては、まず、日本社会学会の理事会、研究活動委員会に感謝したい。また、貴重なコメントをいただいた富永健一、櫻本陽一、要田洋江、平岡公一、河原晶子の各先生、およびテーマセッションの聴衆の皆さんに感謝したい。本書の編集作業において、山梨大学三重野研究室の村松学君の協力を得た。最後に、出版事情の厳しい折、本書の出版を快諾して下さった、東信堂の下田勝司社長・村松加代子氏に感謝の意を表したいと思う。

二〇〇一年八月末日

三重野　卓

目次／福祉国家の社会学——21世紀における可能性を探る

福祉国家の社会学——21世紀における可能性を探る

第I部　テーマセッション

福祉国家・福祉社会研究のニューフェーズ——社会政策研究への社会学的接近

◆本セッションの目的

本講演録は、第七三回日本社会学会において開催されたテーマセッション『福祉国家・福祉社会研究のニューフェーズ』(広島国際学院大学、二〇〇〇年一一月一二日)の発表に基づいている。

わが国では、欧米に比較して福祉国家の研究が相対的に遅れていたが、社会学の分野において近年、福祉への社会学的アプローチ、そして、福祉国家研究に対する貢献が活発化してきたという動向を指摘することができる。そういう中で、二一世紀を間近にした時点(一九九九年)で、藤村正之氏の『福祉国家の再編成』、武川正吾氏の『社会政策のなかの現代』(ともに東京大学出版会)という本が出版されたが、それらは現時点での社会学の到達点を示したものといえる。藤村氏は、福祉国家の再編成という側面が分権化と民営化を通してなされているという点に注目している。それに対して、武川氏は、新保守主義とネオ・コーポラティズム的な再編という八〇年代のヨーロッパの動向に着目し、さらに福祉国家の未来として、福祉国家をめぐる経済成長の諸問題とか、生産・消費におけるフレキシビリティ問題などに着目している。

本セッションは、単なる書評セッションではなく、新しい試みであり、まず藤村氏と武川氏に、おふた方の著書の問題意識を踏まえて、その後の研究の展開についてお話していただく。とりわけ、藤村氏は、福祉国家研究、社会政策研究の社会学的アプローチの見取り図を描くということになろう。また武川氏は、福祉社会論の新たな視点を提出するということになる。それらの議論を踏まえて、グローバリゼーションと福祉国家の関連について、下平好博氏が独自の論理を展開する。一方、福祉国家には、資本主義社会と社会主義社会の狭間で生まれたという事実と、市場の公的管理を行なうものであるという前提がある。鍾家新氏に、福祉国家と社会主義の関係について、議論していただくことにしたい。

(三重野　卓)

福祉国家・福祉社会論の社会学的文脈——その再検討の構図

武蔵大学（現 上智大学） 藤村 正之

1 福祉研究からの社会学

福祉国家・福祉社会研究の意味

武蔵大学の藤村です。よろしくお願いいたします。

「福祉国家・福祉社会論の社会学的文脈」ということで、報告をさせていただきます。すでにコーディネーターであり、司会である三重野さんからお話がありました通り、私、昨年（一九九九年）『福祉国家の再編成』という書物を出させていただきました。本日の報告では、そこでの論点に触れつつ、出版後すでに一年半以上の時間が経過しておりますので、自分なりに頭を再整理したところをお話させていただいて、皆さんとの問題関心の確認なり共有なりができればというふうに考えております。

まず、大きなお話の一番目にということで、「福祉研究からの社会学」という観点からお話に入っていきたいと思います。福祉研究の社会学の重要な研究主題として考えられるもののひとつとして、福祉国家・福祉社会研究があるということはご了解いただけるかと思います。私自身、あまり方針として福祉国家論をやっているということに自覚的ではなかったのですが、幾つかの研究蓄積の流れが結果としてそこに結びついてきたということがあります。そこにおける研究の社会学的意味というのは、二〇世紀後半以降、福祉に関連する新たな現象化・制度化が国家レベルで本格的に起こってきたわけなんですが、それをマクロ社会学的な現象としてどう把握・接近できるかという課題がひとつはあるかと思います。近年はそれに加えて、福祉国家・福祉社会を研究すること、それ自身が現代社会を社会学的に考察する地点になりつつあるのではないかと考えております。すなわち、福祉国家・福祉社会が福祉社会学の主題にとどまるのではなく、現代社会論の重要な主題のひとつともなってきたということです。社会全体を構成する諸要素の結合や交錯・葛藤として、福祉国家・福祉社会を理解することが求められるようになってきており、そのための認識上の工夫が各研究者によってなされてきている。そのことが、そのような現代社会論としての福祉国家・福祉社会論の様相を強めているかと思います。これらの細かい点については、順次これから触れていきたいと思っています。

福祉研究と社会学理論との関連

「福祉研究からの社会学」という視点で踏まえておくべき、もうひとつの点は次のようなものです。私自身は、連字符社会学の諸領域において、基本的には現実の現象をめぐる実証研究の積み上げに基づいて、領域の確立がなされるべきだというふうに考えています。しかし、それらの連字符社会学で行われている諸研究の意味合いをより明確にするためには、当然、社会学理論などとの往復の運動なり意見交換というものが必要だろうとも思っています。そのためには、各連字符社会学領域であっても、社会学理論と関連づけた枠組みの構築も視野に入れる必要があるのではないかというふうに考えているわけです。

そのような問題関心があるものですから、ひとつの試みとして、福祉研究に社会学理論を接合させる論理軸を導入するとすれば、［構造／行為］、［行政場面／施設場面］という2軸4象限の設定が可能なのではないかと考えております（**図1**）。マクロな構造の視点では、M・フーコー的な〈近代〉という視点があったり、〈福祉国家〉という視点があると思います。それに対するミクロな個別の行為領域の視点では、E・ゴッフマンに代表される施設内の〈相互行為〉研究や、M・リプスキーの〈ストリート官僚〉論といったようなものがありえる。他方、行政場面としてみれば、〈福祉国家〉が現

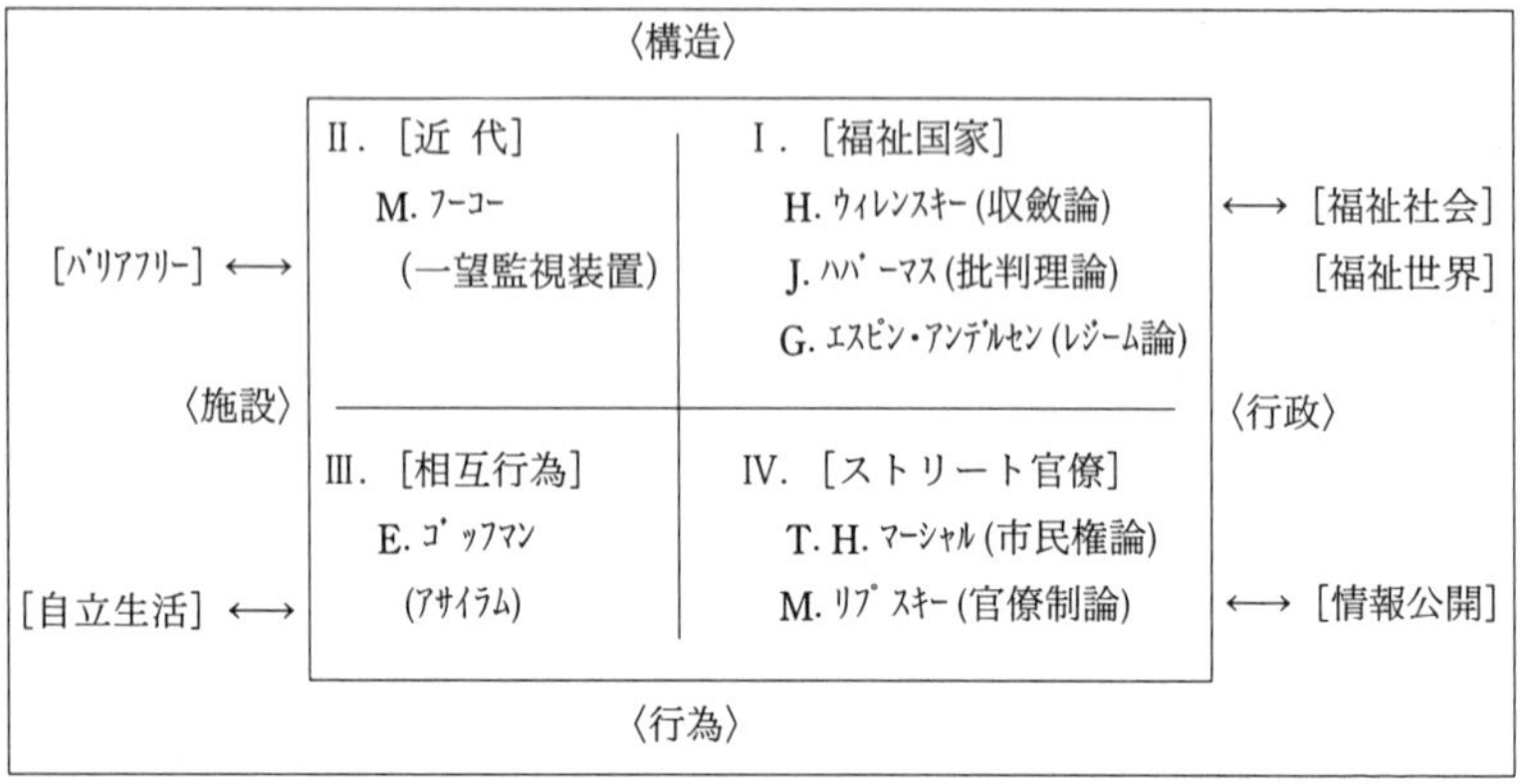

図1　福祉研究と社会学理論の関連図

代的な社会構造への着目として、〈ストリート官僚〉論が行為への着目としてあり、施設場面においては、〈近代〉が歴史的な社会構造への着目であり、〈相互行為〉論が行為への着目としてある。

それらの諸研究を考えれば、それとは自覚されない形であっても、これまでもかなりの程度、福祉研究が社会学の主要理論の立論の根拠になっている場合もある。だからこそ、このような4象限を自覚的に設定することで、社会学理論から福祉研究への応用領域というものが相当に開拓可能になるのではないかと思われますし、その中の1象限として、「福祉国家の社会学的研究」があり得るかというふうに考えられるわけです。さらに、4象限各々を現代的に捉え直す、あるいは社会学的に反省するとするならば、各象限を照射する現代的理念が強く主張されてきており、〈近代〉の領域では「バリアフリー」、〈相互行為〉の領域で「自立生活」、〈ストリート官僚〉の領域で

「情報公開」などの対概念が浮かびます。そして、〈福祉国家〉を対比的に照射する理念が「福祉社会」なり、ミュルダール風にいう「福祉世界」などであるというのは周知のところかと思われます。

そのような4象限の中のひとつ、〈福祉国家〉の問題を社会学的に捉えるためにどんな工夫がありえるか、基本的な論点を整理するとどのようなことになるのかということを、本日の報告ではお伝えしたいと思っています。その中でも、モデル的に捉えてみる話が今日の中心でありますので、図式的だというご批判やご意見もありえるのではないかと思います。地図がなければどこにもいけない、自分の居場所が分からないということになりますから、とりあえず地図を作ってみようというのが今日の報告の趣旨でありますので、個別の実際の制度・政策は各国ごと・時代ごとの事情によってバリエーションがあるともちろん考えております。抽象化するだけでは論じきれないところもあると思っておりますが、ここはひとまずのモデル化の試みだとご理解いただければと思います。

2　福祉国家変容の社会学的含意

福祉国家論の展開——収斂と終焉

二番目のお話として、福祉国家変容の社会学的含意ということで幾つかの論点を整理しておきましょう。私の後に続きます武川さんのご報告の方でも触れられるかと思うのですが、七〇年代以降のここ三〇年ほどで、福祉国家論がみせている論点の変化から触れていきたいと思います。

福祉国家論の前史としては、T・H・マーシャルやR・ティトマスをあげることもできると思いますが、ひとつの確立された社会学的パラダイムとしては、H・ウィレンスキーによって行われた「福祉国家収斂論」という問題提起のインパクトが最も大きかったかと思います。今日の三番目の報告者・下平好博さんはその本の訳者ということになりますが、福祉国家の確立期・進展期の基本的な議論といえるでしょう。それから、二番目として、七〇年代後半にOECDを主な発信源とした「福祉国家の危機論」があり、それを受けて、八〇年代半ばにはJ・H・ゴールドソープからの「収斂の終焉論」という議論が大きく取り上げられたと思います。それは、福祉国家が変容期に入ったことが自覚化された議論であったかと思います。

八〇年代以降の議論の展開を大きく二つに分けてみれば、ひとつはマクロ国家論的な分岐に着目したものがあげられるでしょう。英米の新保守主義型vsスウェーデンに代表されるネオ・コーポラティズム型と対比する形で論点が整理されたもので、この対比は武川さんのご研究の一端として結実していったものになるかと思います。もうひとつは、先進諸国に比較的類似する戦略的な政策の変更やスローガンに着目して、分権化と民営化への変容として福祉国家を捉えるようなことがいわれたかと思います。それらの政策展開の延長上にまとまったキーワードとなり、研究上も着目され、政策変容などの把握に使われたのが、「福祉多元主義」ということになるでしょうか。「福祉多元主義」について、ここでは最低限の定義として、社会福祉・社会保障をめぐる制度運営やサービス提供に関与する行為主体の多様化・比重の変化というふうにあげておきましょう。

八〇年代から九〇年代の変化に主に焦点を当てた私の書物も、基本的にはこの「福祉多元主義」というものをどのように理解し、その現象形態をどのように把握するかが、時代の背景として論題になっていたと考えております。その後、さまざまなご意見をいただく機会もあり、自分にどのような視点が足りなかったか、自己理解を深めたというところがあります。分権化という側面がありえたとしても、実際には、イギリスであればむしろサッチャリズム的な形で、集権化の要素が強かったという側面が強いのではないかといった指摘がありました。私も、日本に関しては厚生省主導型の変容であって、地方自治体の完全な分権とはいえないと位置づけているのですが、もう少し視野を広げて、分権化への一方向の流れというのではなく、分権化と集権化の攻めぎあいという見方を鮮明にしてもよかったのではないかというご意見もいただいたりしました。また、民営化の方では、結果的に「準市場(quasi market)」的な形に落ち着いていったのが実態であり、完全な民営化は不可能であることがむしろ明らかになったと捉えられるのではないかというご意見をいただいたりしました。

社会類型への着目の浮上

ここまでの、収斂論とその終焉論の二つが八〇年代から九〇年代にかけての大きな流れかと思いますが、もうひとつ九〇年を基点として「福祉国家レジーム論」、最近はコンパクトに「福祉レジーム論」ともいわれているようですが、G・エスピン・アンデルセンの問題提起が強く浸透してきているといえるでしょう。ご承知のように、彼の議論では、脱商品化・階層化の操作的分析による国家ごとの類型化を試みており、それを通じて、家族・市場・国家が福祉生産を生み出す社会政策と政策形態の独自のあり方が問いとして提出されているかと思います。武川さんのご本は、この議論との関連でさらに「脱家父長制化」という軸をたてるという、より大きな問題提起をしておられるものと思っています。

以上のように、ここまでの福祉国家論の三つぐらいの大きな変化を整理してみると、産業化論が普遍的に適用されたような第一の段階から、政策展開がどの国でも同じようにいくわけではないということで、国家類型論が提起されるような第二の段階があった。ところが、国家類型論だけでは、個別の問題の発生原因や現象形態であるとか、政策の展開パターンが整理しきれないというふうに理解され、第三の段階として、社会類型論みたいな形でエスピン・アンデルセンの問題提起が行われたというふうに整理できるかと考えております。

それを時間軸にのせて理解してみれば、それぞれの時期に福祉国家を考えるための戦略的地点が、経済―政治―社会と変化してきている。実際には収斂論のウィレンスキーも人口とか制度経過年数、さらには政治変数も組み込んだ分析を行なっておりますので、あくまでも比重の問題でしかないのですが、経済を中心に福祉国家が論じられた収斂論の段階から、八〇年代の政治の段階、そしてどうやら九〇年代においては、社会の相違に目配りをして福祉国家の相違を論ずる段階にきたのかというふうにみております。そして、そのような社会類型に着目して、福祉国家の性格を論じようとするときに、それを国際比較という形で行なったのが「福祉レジーム論」ということになり、その視点を国内での社会の構成要素の比重の動きに向けたときに「福祉多元主義論」となるというような整理が可能なのではないだろうかと最近思っております。その意味では、「福祉レジーム論」と「福祉多元主義論」の二つは、分析上の考え方としてはコインの両面みたいに捉えることも可能なのではないかとも思います。

福祉多元主義の応用的理解

それで、やや結果としてということかもしれませんが、私の本の方が「福祉多元主義論」を、武川さんのご本の方が「福祉レジーム論」を意識しながら、現代社会を分析しているというようなところがあるかと思います。さて、私の方では、「福祉多元主義論」を社会政策の、あるいは社会そのものを分析していくうえでの発想として、どのように細密化し応用していけるかということで、二つのことを大きく考えております。

ひとつは、資源配分様式論の理解を深めていくということがあげられます。経済人類学のK・ポ

表1　資源配分の現代的形態

配分様式	コミュニケーション・メディア	親和的行為主体	基本的性格	関係性
自助	愛	家族・個人	愛情に基づく共同体　→	親密性
互酬	連帯価値	親族・地域	血と地に基づく共同体　→	共同性
		会社(日本的)	社縁的共同体	
		友人関係／ＶＡ		
		生協／住民参加型	選択縁共同体	
再分配	権力	政府 (中央政府・地方政府)	法と観念に基づく共同体→	公共性
市場交換	貨幣	企業	超共同体的存在　→	物象性

出典:藤村正之『福祉国家の再編成』東京大学出版会、1999、p. 19を修正。

ランニーなどがその議論を展開して、都市論や福祉論などで、その整理が活用されているのが資源配分様式論なわけなんですが、その分類軸を使えば福祉国家の位置づけを、通歴史的に考えられるともみています。拙著では、**表1**にありますように、自助タイプ、互酬タイプ、再配分タイプ、市場交換タイプという四つに資源配分の形の整理をしています。そして、各々のタイプごとに、流通するメディアとそれに相性のよい行為主体があり、それによって形成される集団の基本的性格が変化してくると位置づけているわけです。

これによって、二〇世紀中盤に形成されてきた福祉国家中心のものから、二〇世紀後半に福祉多元主義的な方向にいくという流れは、この四つの配分様式の中で再分配中心だったものが、制度面・社会意識面において、他の三つ、自助、互酬、市場交換の各々へある種の期待や要請がなされるという変化が起こったものとして捉えられるかと思います。ただし、ここでの変化の方向につきましては、その後ご意見をいただいて、福祉多元主義というのは、ある意味では政策プランナーの方からみたらそういえるのであって、社会の配分様式としてはいつもこの四つのタイプが程度を変えて常に存在していたのではないか、したがって今起こっていることもその比重の配分の問題ではないかというご指摘でした。強調の仕方の違いという感じもあるのですが、通歴史的にみようとすれば、その通りといった方がよいかと思います。

むしろ、福祉多元主義論を比重の配分の相違だと捉えれば、先ほどコインの両面ではないかといった、福祉レジーム論との間での議論の関係がつながりやすいということにもなります。国家をある種のエージェントと捉えて、エリアとしての国家の内部でどのように福祉の生産が配分されて行われているのかをみようという福祉多元主義の視点と、エリアの外の国家と比較して、そこに社会内の配分性格の違いをみようという福祉レジーム論の視点は、ある意味では似ているのだろうと思います。その意味では、国家による再分配が従来から一〇〇%の提供をなしえていて、自助、互酬、市場交換の各領域での提供はゼロだったなどということはありえないので、比重が部分的に再移動したというのが適切な理解であろうと判断されます。

配分様式から関係性の理解へ

現実的には、これら四つのタイプが資源配分たるサービス提供において混在化した状態に入って

表2　関係性4分類と親和的な類型や議論

	福祉（国家）レジーム	倫理学的解法	問題所在
親密性	地中海レジーム？		共依存
共同性	保守主義レジーム	コミュニタリアニズム（ベラー、エティオーニ）	歴史遺制／排除
公共性	社会民主主義レジーム	ネオ・リベラリズム（ロールズ）	支配／管理
物象性	自由主義レジーム	リバタリアニズム（ノージック）	非人格性／匿名性

参考：山脇直司『新社会哲学宣言』（創文社、1999）、有賀誠・伊藤恭彦・松井暁編『ポスト・リベラリズム』（ナカニシヤ出版、2000）、G. エスピン・アンデルセン（渡辺雅男・渡辺景子訳）『ポスト工業経済の社会的基礎』（桜井書店、2000）。

きているだろうといえます。これをもう少し社会学の言葉に置き直して考えてみますと、サービス提供がいろいろな場面・いろいろな行為主体によって行われることで、そこでの関係性が多層化していると考えることができるのではないかとみております。その意味で、表1の右端の方に、自助、互酬、再分配、市場交換のタイプごとに、その場面ごとに発生する社会関係の性質を捉えてみればどうなるかということで、親密性、共同性、公共性、物象性をあげて整理をしております。

まだ十分に詰めきれていないのですが、この四つの関係性の構造をうまく整理していけば、さまざまな研究分野で福祉国家論をめぐって行われている議論とも、そう遠くない親和性を持っているのではないかというふうに考えております。その親近性のアイディアということで書きましたのが、**表2**にあがっている各理論との関係というところでございます。親密性、共同性、公共性、物象性といった特徴に関して、福祉レジーム論で議論されている類型との対応にどんなものがありえるか。エスピン・アンデルセンが当初三つに分類した類型に対して、細かくは四つ目を考慮するかのような指摘があり、これがイタリア・スペインなどの地中海レジームといわれるもので、親密性が強調される社会類型に該当しうるかと思います。

また、倫理学や社会思想の領域との関係では、七〇年代のJ・ロールズの『正義論』による問題提起以降様々な賛否両論が起こっている。それらのリベラリズム、リバタリアニズム、コミュニタリアニズムなどの議論の特徴や特性を隈取りするならば、表におけるような整理が比較的近いのではなかろうかと思います。さらに、社会問題の社会学として考えれば、表にあげますような現代的な社会問題の所在点が、各々の関係性ごとにキーワード風にあげられるのではないかと考えておりまず。したがいまして、私自身は福祉国家を福祉多元主義的に分析・理解するための道具として、この資源配分様式を捉えてきたわけですが、それをいったん各々の場面で起こる関係性の問題と捉え直してみると、その他の学問との学的交流あるいはコミュニケーションというのでしょうか、そういうことへの応用が図られる可能性もあるかなというふうにみております。

関係性の交錯がもたらす内実

それでは、そのような四つの関係性をもう一度それ自身の関係として整理すると、どのようになるのかというのが、**図2**で考えているところです。各々の軸の概念化が適切かどうかなど、まだい

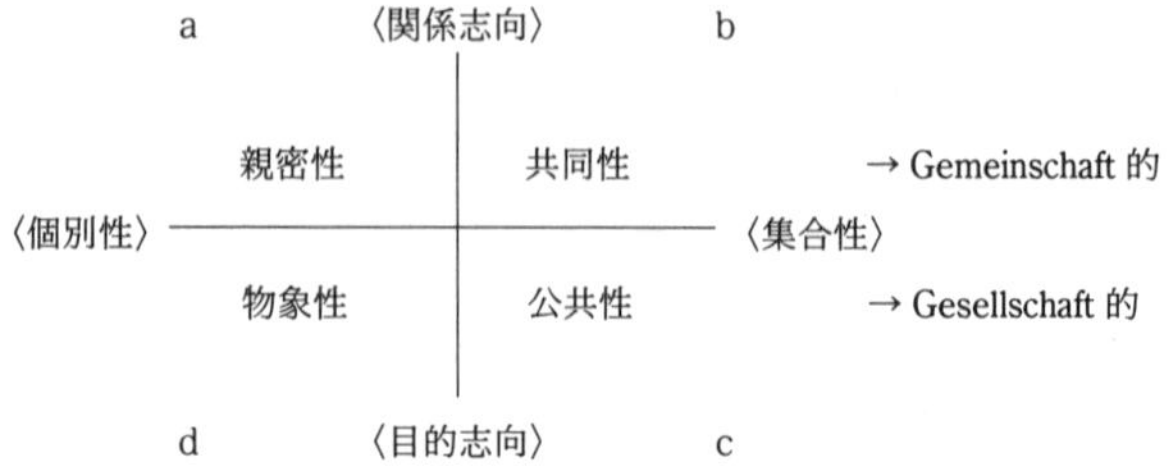

図２　資源配分様式から導出される関係性の基本配置

ろいろ考えたいと思っているのですが、ひとまずお出ししてみたいと思います。

親密性—共同性—公共性—物象性の四つの関係性において、その行動様態やまとまり具合から〈個別性—集合性〉という軸がたてられ、その集まりの目的・志向の相違から〈関係志向—目的志向〉の軸がたてられると思います。すると、〈個別性〉の側には親密性と物象性が配置され、家族機能の外部化やプライヴァタイゼーションの進行が特徴づけられ、必要性は理解されつつも、困難性のともなう共同性、公共性が〈集合性〉の側に配置されることになります。また、そこで形成される関係の維持そのものが重要な目標となる要素をもつのが〈関係志向〉の側の親密性や共同性であり、何を達成するのかという〈目的志向〉が重視されるのが、公共性や物象性ということになるかと思います。このように配置すれば、四つの関係性自身が構造化され、社会の動向もより明瞭に理解できるようになるかと思います。共同性・公共性の形成の難しさを考えれば〈個別性〉へ向かうベクトルが強烈に強く進行しており、他方で、〈目的志向〉を推し進めてきた産業化・近代化の流れは、その反省に立って〈関係志向〉を求めるようになってきているといえるのかもしれません。

このように四つの配置で考えると、福祉サービスなどに限って幾つかの場面で起こっている問題を、この象限上の交錯の問題として位置づけられるものもあるでしょう。例えば、ホームヘルパーが個別の家庭に入っていったときに、あまり親しくなり過ぎるのは困るというのが、従来行政型へルパーのときの仕事上の課題としていわれ、そのために数名のチームを組んでローテーションで家庭を訪問するなどということがありました。それをここに位置づければ、行政型のヘルパーが訪問するというのは公共性に基づく人間関係といえるのですが、それが親しくなって、共同性さらには親密性に行き過ぎてしまえば、行政のサービス提供のスタイルとしては行き過ぎであるということで、チーム化が行われたと理解できます。また、有償ボランティア問題などで、本人はボランティアの延長として共同性を求めて接しているにもかかわらず、相手先の方ではお手伝いさん代わりに使うという例も、貨幣介在がもたらす物象性の浮上というような現象としてみられるでしょう。家族内に起こる夫婦関係や嫁姑関係での軋轢・葛藤も、親密性と共同性の境目で起こる認識の違いといえるかもしれません。

福祉サービスで抱えている問題点の文脈がそのような形で理解可能になるだけでなく、各々の概念で連想される社会理論や社会思想もこれらの関係性の構造の中で議論可能になってくるのではないかとも思います。お分かりの通り、親密性であればA・ギデンズの提起する問題、共同性であればF・テンニース以来の社会学の伝統的な問題に関連し、公共性であればJ・ハバーマス、物象性であればK・マルクスなどというように、社会理論からの関心を結びつけていくことも可能であろうかと考えております。各々の専門の先生方からみれば図式的に過ぎるというご意見は否めないかとも思いますが、各々の論点を位置づけて、議論の連結を活性化するための工夫というふうに理解をしていただければと思っています。

3　福祉社会の可能性と〈連帯の失敗〉

社会変動の主導因

三番目の大きなお話ということで、福祉社会の可能性と〈連帯の失敗〉について、〈連帯の失敗〉の最後には？マークを付けてもよろしいんですが、そのようなことに触れていきたいと思います。

社会変動の主導因を、市場・社会計画・社会運動などの三つに整理することが可能かと思います。このうち、市場は「神の見えざる手」として無意図的社会変動の重要な形態といえるでしょうし、社会計画と社会運動は目的・目標が人為的に設定された意図的社会変動の二形態といえるでしょう。これらの三つのからまりが社会変動を促進してきたと考えられますが、各々の要因において近年重要な変化が現れていると思います。市場は金融・労働力・情報などによるグローバリゼーションの進展というか翻弄というかに象徴される動きがより強くなってきています。社会計画においては、社会主義への志向が衰退し、漸次的・分権的社会計画が現実的なものとして求められているといえるでしょう。その中で、近年福祉国家をめぐって語られていることは、社会計画の延長上に地方政府の企画・評価の力量を高め、より分権的な計画実施がなされていくべきだという主張です。社会運動も、自らの存在理由やアイデンティティをかけた承認政策をめぐる抵抗・批判型の社会運動とは異なって、むしろ再分配や連帯を目的とする政策を自助・参画型の社会運動のもとで実現していこうとする動きが強くなっており、それが非営利組織の議論と実態を急浮上させているかと思います。

地方政府・非営利組織への関心の隆盛――公共性と共同性

それらの地方政府・非営利組織の動向に関する事例の提示ということで、私の本におきましては、地方政府での社会計画の動きとして老人保健福祉計画策定の問題やら、社会運動的な要素をもった非営利組織の分析として、住民参加型の福祉サービス提供団体、寄付ボランティアとしての「あしながおじさん」制度などの分析を試みてみました。

これらの整理の延長上に、諸組織・集団の位置関係を図2の右側の公共性―共同性の軸の上にのせて理解することができるかと思います。国家と地域共同体を各々公共性、共同性を色濃く担うものとして大きく二つの極に置くとしますと、現在多く着目されている地方政府や非営利組織が、そもそもその中間に入ってきて、公共性と共同性の双方をあわせ持つような組織として存在していると考えることができます。両者の性格の近さも指摘できると思いますが、地方政府はより公共性が高く(公共性∨共同性)、非営利組織はより共同性の方が強い(公共性∧共同性)ということになると思うんですが、公共性・共同性両方の要素をあわせもっている。これによって、国家―地方政府―非営利組織―地域共同体という連続線上にこれらの位置関係を捉えることができるのではないかと思います。

中間集団の盛衰と再構築

地方政府や非営利組織への関心や活動実態の浮上ということ自身を社会学風に考えると、個人と国家の間に介在する中間集団の変容と再構築の一形態であろうかと考えられると思います。中間集団という言葉は面白いというご意見と分かりにくいというご意見をいただいているんですが、そこに例で並べておりますように、職能集団・友愛組合・労働組合・地域集団・コミューン・第三セクターなど、ここ一〇〇年間ぐらいの間に社会に存在し、様々な活動をし、ある種の成功とある種の失敗をおさめてきた集団・組織をあげることができます。それらの諸集団と地方政府や非営利組織を並べると、当面、中間集団ぐらいの概念でまとめておくのが適切かなと思われまして、この言葉を使っております。

もう少し強くいえば、各々の時期に期待される組織・集団が登場し、その存在価値が主張されてきたわけですが、逆には、E・デュルケムが指摘したような国家と個人が直接対峙するのか、その間に何らかの集団が介在するのかという社会の課題はこの一〇〇年間変わっておらず、その機能を現実に担おうとする集団の現象形態が異なっていただけなのではないかという発想があるからです。そうならば、そのような重要なポジションに入れ替わり立ち代わり現れた集団を総称して、中間集団と概念化してみるのもひとつの考えであろうかと思います。

それを延長していけば、経済学では〈市場の失敗〉、政治学では〈政府の失敗〉といわれることに対して、社会学は〈連帯〉の可能性を問いながら、ある種の成功とある種の失敗を確認してきた学問かもしれないというふうに考えられるかと思います。現在、NPOに対する期待はたいへん強いし、私もそれ自身へは着目しているのですが、あまり期待だけが強過ぎると、議論上の撤退もできないみたいになってしまって、その実情にあわせた分析ができないことになりかねない。期待なければ失望なしというい方もありますので、過去一〇〇年の中間集団の変遷をみてくれれば、各々の集団の機能を冷静な視点で捉え、社会学的には発言するべきではないかと考えております。それは、〝この集団〟という形で固定化された中間集団の動向が重要なのではなく、恐らく国家と個人の間でさまざまな中間集団が働く媒介機能達成の見極めこそが重要なのだろうと思います。

福祉社会の分岐可能性

最後に、福祉社会の分岐可能性ということに触れておきましょう。こちらについては、続く武川さんの報告の方で踏み込んだお話になってくるかと思うのですが、われわれは福祉国家を経験してしまった以上、単純に共同性だけで作られた社会に回帰することは困難でありましょう。一方で、福祉国家によっても現実的な生活保障をうまく機能させていくことができない。その意味では少し言葉が強いですが、社会が反福祉社会的状態であるがゆえに、それに対する対応として福祉国家は登場してきたわけで、福祉国家の先に福祉社会を楽観的に展望することはできず、この両面を踏まえたうえで福祉社会論というものに取り組んでいく必要があると考えております。

福祉社会それ自身は、市民社会による福祉達成がひとつの重要なイメージとしていいえると思うのですが、その市民社会の中身をどう考えるかが問われることになる。ひとつのあり方としては、公共性と共同性を模索するタイプの福祉社会がありえて、それは、国家―＊―地域共同体という関係の中の星印のところに、どのような組織・集団すなわち中間集団が入りうるかということになるだろうと。そのようなものを、「公共性・共同性模索型福祉社会」としてみましょう。図2のｂ・ｃ象限に該当する問題です。その一方で、市場が主導する形での市民社会というものも十分ありえるわけで、「市場主導型福祉社会」がたてられるだろうと思います。こちらは、図2のｄ象限に該当する問題となります。これら二つにイメージされる福祉社会の攻めぎあいということが起こっているし、これからいっそう起こるのだろうと予想されます。もちろん、福祉社会単独では有効な生活保障というのは困難であり、福祉国家による下支えが必要になってくる。また、現実的には、公共性・共同性や市場の特徴とどの社会政策が親和的なのかという個別政策の有効性の議論が強く求められていくということになるのでしょう。

福祉国家をめぐる問題領域はさらに拡大しています。二例をあげておきましょう。ひとつは、グローバル空間・ヴァーチャル空間がより進展する時代に、公共性・共同性が持つローカル限定的なあり方や問題関心の妥当性はどのようなものなのかということになります。もう少し角度を変えれば、市場支配的なグローバリゼーションの傾向の理解ということにとどまらず、欧米出自の福祉国家の普遍性うんぬんに対して、アジアからの認識的な挑戦はどう可能なのかということもあげられるのかもしれません。もうひとつは、フェミニズムやグリーニズムからの福祉国家批判も強くなってきている段階で、現実的な福祉国家の政策選択肢の幅をどのように捉えてみるかというような問題です。これらの話題に関しましては、第三報告、第四報告の下平さん、鍾さんのお話があるかと思いますので、私の方の話題提供はここまでとさせていただきます。

どうもありがとうございました。

連帯と承認をめぐる弁証法——福祉国家と福祉社会の協働のために

東京大学　武川　正吾

1　マクロ社会学とミクロ社会学

東京大学の武川と申します。社会学会のテーマセッションで私の本を取り上げていただき、たいへん嬉しく思っています。まだ書評がそれほど出てないので、著者にとっては、読者の反応を知る、このうえない機会です。また、このような場を提供して下さったコーディネーターの三重野さんには深く感謝したいと思います。

今日は、『社会政策のなかの現代』の内容を紹介するのではなくて、この本を書いた後、私がどういうことを考えてきたか、そして、これからどういう勉強をしようと思っているか、といった事柄をお話して、これに対する他の報告者やフロアの方々からのご批判をいただく、という機会にできればと思っています。

福祉国家や福祉社会といった問題に対して社会学が取り組む場合には、マクロ社会学的アプローチによる研究と、ミクロ社会学的なアプローチによる研究があります。福祉国家を分析の単位として、社会保障費を被説明変数としたモデルを構築するというのは前者の方法でしょうし、また、社会全体の構造(societal structure)の中で、社会政策の果たしている役割について探求するというのも前者の方法でしょう。これに対して、病院や社会福祉施設の内部における人びとの相互作用をエスノメソドロジーなどの方法を用いて分析するというのは後者の方法です。いずれも今後の社会政策研究(Social Policy Studies)にとって有望なアプローチであると思います。というのは、これまで社会政策研究の中における社会学の貢献が、法律学、政治学、経済学など他の社会科学に比べると、あまりにも少なかったからです。

しかし、今日は、前著とのつながりを重視するという立場から、マクロ社会学的なアプローチに限定することにしたいと思います。藤村さんがお示しになった図1の中では、ちょうど第1象限のところに限定して取り上げるということになります。ミクロ社会学的なアプローチについては、私の今後の課題としておきます。

今日は時間も少なく、あまり多くのことを語ることはできないと思いますので、強調したいことを絞りたいと思います。その中のひとつは、「福祉国家から福祉社会へ」という問題の設定の仕方は誤っているということです。日本で、福祉国家や福祉社会に関する議論がなされるときは、「福祉国家から福祉社会へ」というスローガンが掲げられることが多い。福祉国家というのはもはや時代遅れであって、これからは福祉社会だ、というような意味合いがそこには含まれます。これに対して、私が本日強調したいのは、福祉国家から福祉社会へ乗り換えるということよりも、福祉国家と福祉社会の関係をどう作っていくかということの方が重要だろう、ということです。そして、そのような立場に立ったとき、どのようなことがこれまであまり議論されていなくて、これからどういうことを議論すべきか、といった点についての私見を示すというのが、この報告の目的のひとつです。

2　福祉国家の道義論と政治論

それで、そうしたことを論じる前提として、最初に、福祉国家や福祉社会がこれまでの社会学や政治学などで、どのように議論されてきたか、ということを整理しておきたいと思います。藤村さんの報告と少しダブるところもありますが、福祉国家や福祉社会に関する研究の現在の到達点がどのへんにあるか、ということを確認する作業です。

最初に、福祉国家に関する研究の方です。非常に単純化していいますと、福祉国家研究というのは、三つの時期に分けて考えることができるのではないか、と私は考えています。つまり、第一の時期は、一九五〇年代六〇年代を経て一九七五年くらいまで、第二の時期は一九七五年から一九九〇年まで、第三の時期は一九九〇年以降です。

第一の時期では、福祉国家に関する規範的な議論が支配的でした。社会政策学者の大河内一男は、初期のドイツの社会政策学の歴史を「道義論」や「政治論」といった表現で総括しています（『社会政策（総論）』有斐閣、一九四八年）。つまり、M・ウェーバー以前の新歴史学派の時代の社会政策は、国家が哀れな労働者階級を道義的な観点から救済するためのものだと考えられていたのに対し（「道義論」）、二〇世紀初頭には、社会政策が社会主義運動や労働組合運動の成果として考えられるようになりました（「政治論」）。これに対して彼の立場は「経済論」であり、社会政策をマルクス経済学的な観点から説明して、有名な「大河内理論」を確立したわけです。この大河内の言葉を借用すると、福祉国家研究の第一の時期は、「経済論」以前の段階、つまり「道義論」や「政治論」の段階にあったといえます。

今日的な意味での「福祉国家」（Welfare State）という言葉はイギリスで生まれて、世界中に広まったものですが、そのイギリスで、このころ福祉国家の歴史に関する研究が出ています。有名なところでは、M・ブルースの『福祉国家への歩み』（秋田成就訳、法政大学出版局、一九八四年、原著一九六一年）

という本がありますが、ここでの議論の筋道は、中産階級の社会的な良心の覚醒によって福祉国家が発達してきたというものです。まさに道義論ですね。

それから、当時は、福祉国家というものが、米ソ対立の冷戦構造の中で、資本主義でも共産主義でもない「第三の道」だと考えられたこともありました。今日、A・ギデンズやニュー・レーバー（新しい労働党）によって唱えられている「第三の道」というのとは全く異なりますが……。というか、歴史の中では、たえず新しい形の「第三の道」が生産され続けているともいえます（笑）。それから、いまでは信じられないことかもしれませんが、日本でも自由民主党や民主社会党が、この時期、日本の国家目標として、福祉国家の建設をうたっていました。国内外の社会主義勢力への対抗という意味合いが強かったわけです。福祉国家が政治論の世界の中に位置づけられていた、ということでしょう。

3　福祉国家のパス解析

こうした状況を転換させるうえで最も大きな影響力をもった仕事のひとつが、ここにおられる下平好博さんが訳された、H・ウィレンスキーの『福祉国家と平等』（木鐸社、一九八四年）という本です。原著は一九七五年に出版されています。周知のように、この本は、福祉国家の発達が、政府の政治イデオロギーによって決まるのではなくて、経済発展や人口高齢化や制度の経過年数（社会保障制度ができてからどれくらいの年数が経過しているか）によって決まるということを明らかにしています。

ウィレンスキーの仕事は、二重の意味で、政治論からの脱却だといえます。彼は、福祉国家の発展の度合いを「社会保障費の対GNP比」で捉えました。これは、問題としている国家のイデオロギーが福祉的であるか否かということを全く考慮する必要のない、きわめて非政治的かつ操作的な福祉国家に関する定義であります。このように福祉国家自体が没政治的に定義されただけでなく、福祉国家の発展を説明する場合にも、政治的な要因を捨象してしまいました。ウィレンスキーは説明されるものと説明するものの双方から、政治的な要因を追い出してしまったわけです。

ウィレンスキーの仕事は、その後の福祉国家の社会学的研究におけるひとつのパラダイムとしての地位を獲得しますが、そのひとつの理由は、彼がきわめて洗練された方法を用いていたということにあるかと思われます。ウィレンスキーの仕事を私は大学院生のときに知りましたが、そのころ計量社会学の世界では、パス解析というものがかなり流行しておりまして、大学院生のとき、今日、ご出席の富永健一先生のゼミでは、ブラウ＝ダンカンの『アメリカの職業構造』(*The American Occupational Structure*, 1967)を読みました。私は、ウィレンスキーの仕事の中に、こういった社会階層の研究で用いられているのと同じ最先端の手法を発見して、強烈な印象を受けました。もっとも、当時、大学院の先輩であった数理社会学者の白倉幸男さんなどは、ウィレンスキーの仕事のパス解析を使った部分についてはあまり評価しておらず、この本が面白いのは、理屈の部分に過ぎないと啖呵を切っていたのを覚えています(笑)。理屈の部分というのは、恐らくスペキュレーションでしょうから、数理社会学的観点からすれば評価するに足らないということかもしれませんね。

4　福祉国家レジーム論

その後、一九九〇年に、G・エスピン・アンデルセンの『福祉資本主義の三つの世界』(岡沢憲芙・宮本太郎監訳、ミネルヴァ書房、二〇〇一年、原著一九九〇年)という仕事がまとまり、これも九〇年代における福祉国家研究のある種のパラダイムになりました。彼の研究が出たとき、正直なところ、ウィレンスキーのときに感じたような方法論的な斬新さを感じることはありませんでした。しかし、そこで行われている議論は、かなり魅力的でした。というのは、ウィレンスキーの研究と異なって、エスピン・アンデルセンの場合には、社会保障費の規模だけではなくて、社会保障制度の定性的な側面にまで踏み込んだ分析が加えられていたからです。エスピン・アンデルセンは、脱商品化や福祉国家レジームといった概念を駆使しながら、福祉国家の類型化を試みているわけですが、彼の場合は、社会保障費がどのような使われ方をしているか、いい換えると、社会保障制度によって労働力の脱商品化がどれくらい進んでいるか、また、階層化との関係がどうか――社会保障が社会的不平等を再生産しているのか縮小しているのか――といったことを問題としています。

また、エスピン・アンデルセンの脱商品化に関する理論は、従来、それぞれ無関係だと思われてきたものをひとつに結びつける役割を果たしたと思われます。労働力の商品化は、マルクス経済学における宇野理論やM・ポランニーの経済人類学の中で盛んに論じられてきたテーマであり、脱商品化はG・オッフェがエスピン・アンデルセンよりも早い段階で提唱していた考え方です(その意味では、オッフェやJ・ハバーマスの後期資本主義理論は宇野理論とはきわめてつながりのよい理論です。宇野派の段階論とオッフェらの枠組みもきわめて親近性があります)。ところが、これらは全く別々のものだと思われてきました。これらを社会政策や福祉国家とつなげることに成功した、というのが私のエスピン・アンデルセンに対する評価です。また、脱商品化の理論というのは、社会政策研究における必要(need)という考え方や、制度モデル・残余モデルといった考え方ともきわめてつながりのよい議論であり、この点も評価したい。

さて、エスピン・アンデルセンの福祉国家レジームは、ウィレンスキーのパス・モデルと同様、その後のパラダイムになりました。エスピン・アンデルセンをきっかけに、いわゆる「パズル解き」が始まり、第四のレジームが存在しないかどうか、ジェンダーの変数を導入するとレジーム論はどう変化するか、といった探求が始まったわけです。

とはいえ、エスピン・アンデルセンの仕事が出てからすでに一〇年以上経っています。彼やその後の他の人びとの仕事を踏まえて、今後の福祉国家研究はどうあるべきか、ということを考えなければならないというのが、現在の私たちの置かれている状況ではないでしょうか。

5　福祉社会論の系譜

以上に対して、福祉社会に関する議論の方は、ちょっと事情が複雑です。福祉国家あるいはWelfare Stateという概念は社会科学の世界で市民権をえていて、文献検索にかけてみると、福祉国家をキーワードにした文献が、非常にたくさん引っかかってきます。これに対して、福祉社会は英語でいうとWelfare Societyですけれども、平岡公一さんが強調するように、Welfare SocietyはWelfare Stateに比べると、必ずしも市民権をえているわけではなく、英語圏では、これを扱った論文の数がはなはだ少ない。ただ、Welfare Societyといったキーワードを書名に含む本は書かれていますし、あるいは、この言葉を使っていなくても、事実上、日本における福祉社会論と同じような議論というものもあります。福祉多元主義や福祉ミックスというのは、日本でいう福祉社会と重なる部分が多いでしょう。

とはいえ福祉社会の方に関して日本で考える場合に、いろんな使われ方がしてきました。一九七〇年代くらいから福祉社会という言葉が次第に使われるようになってきているのですが、その意味するところは、時代によってかなり異なります。その辺の事情については『福祉社会の社会政策』（法律文化社、一九九九年）の中で書いておきましたので、ここでは省略します。

福祉社会といった考え方の歴史を知るうえで決定的なことは、日本の場合、一九七〇年代末から八〇年代の前半にかけて日本型福祉社会論が登場して、これが非常に影響力をもってしまった、ということです。このため日本では、福祉社会というと福祉国家を否定するものだといった強迫観念ができあがってしまった。ですから社会保障や社会福祉の研究者の中には、福祉社会という言葉に対するアレルギーが相当強い。私は、日本型福祉社会論を掲げる行財政改革が推進されていた八〇年代前半、特殊法人の社会保障研究所に勤めていましたが、当時、特殊法人は攻撃の対象であり、福祉社会論は、ある意味で、研究員にとって雇用問題でもあったわけです（笑）。

ただ一九八〇年代は、日本型福祉社会論が前提としていた社会構造――例えば「社会保障の含み資産」と見なされるような家族のあり方――が次第に失われてきた時代でもあったわけです。そうした中で、新しい形での市場――談合体質や非市場的慣行から解放された――とか、新しいタイプの社会関係――ボランティアやＮＰＯなどに表れているような関係、あるいは上野千鶴子さんが「選択縁」と呼んでいるような社会関係もこれにあたるかもしれません――とかいったものに準拠した福祉社会論が登場するようになりました。この辺の事情も、先ほどの『福祉社会の社会政策』を参照していただけたらと思います。

6　福祉国家研究におけるバイアス

福祉国家と福祉社会に関する研究史を、私は、以上のように整理できると思っています。その意味では、福祉国家レジーム論が念頭に置いているような福祉国家の概念や、九〇年代以降提唱されるようになった福祉社会の概念というのが、福祉国家や福祉社会の問題を考えるうえでの現在の到達点だと思うわけです。ですから、この報告で、福祉国家や福祉社会というときは、これらを尊重したい。と同時に、これまでの研究や議論には、かなりバイアスがあったのではないかとも考えています。二一世紀の初頭に、福祉国家や福祉社会について考えるときは、これらのバイアスを乗り越えていかなければならない、というのが私の立場です。

どのようなバイアスかということを、時間の関係もありますので、福祉国家の方に絞って、説明したいと思います。

ひとつは、従来の福祉国家研究におけるヨーロッパ中心主義、あるいは、北欧中心主義です。これは相当根強い。ウィレンスキーの場合でも、あるいは、エスピン・アンデルセンの場合でも、ヨーロッパ諸国が福祉国家の典型であるという考えが暗黙のうちに前提としておかれている。その中でも、スウェーデンが最先端の福祉国家であって、そこからの距離によって、それぞれの福祉国家の位置を測ることができる、と考えられてきたのではないかと思われます。

このことは何を意味するか。ウィレンスキーのパス・モデルでもそうですが、エスピン・アンデルセンのレジーム論でも、結局、ヨーロッパの小国を単位とした分析を行なっています。アメリカもデンマークもスウェーデンも同じく一国ということで、有名な三つの福祉国家レジームが導き出されています。

しかし、アメリカというようなところをひとつ取り上げてみると、たしかに公的年金は連邦で一元的に管理されているわけですけど、他の社会サービスになると、州によってかなり事情が違います。乱暴ないい方になるかもしれませんが、アメリカの五〇州や日本の四七都道府県を分析の単位として再分析してみると――スウェーデンの人口は神奈川県よりちょっと多いくらいですし、カリフォルニア州の人口は北欧諸国を合計した人口よりさらに多い――、エスピン・アンデルセンの福祉国家レジーム論とは異なった結論が出てくるかもしれません。

それから二番目に、従来の福祉国家研究は、ナショナリズム、あるいは、国民国家中心主義というようなバイアスがありました。福祉国家は国民国家単位で、私の言葉でいうと「福祉国民国家」(「市民権の構造転換」大山博ほか編『福祉国家への視座』ミネルヴァ書房、二〇〇〇年)として、考えられてきました。グローバル化した世界の中における福祉国家のあり方が問われているときに、国連に加盟する単位としての国民国家主体の研究の仕方が果たして妥当なのかどうか、というような議論もありえると思います。

それから三番目に、再分配中心主義というようなバイアスもあります。ウィレンスキーの場合もそうですし、それからエスピン・アンデルセンの場合もそうだと思うのですけれども、福祉国家研究における被説明変数というのは、多くの場合、社会保障費の対GDP比であったり、対GNP比であったり、ということで、計量的で操作可能な変数が用いられてきました。

これは何を意味するか。社会政策というものの歴史的な起源というのを考えてみたときに、いろんな立場があると思うのですけれども、救貧法と工場法の二つに帰着するという考えはある程度の合意があるかと思います。救貧法は所得再分配的な形の政策だということができますが、工場法、あるいは今日の労働基準法につながるようなものというのは、再分配・給付というよりは、むしろルール作り、ある種の規制を行なう政策です。福祉国家にはもともとそういう側面の政策があったわけですけれども、従来の福祉国家研究は、そういうものにあまり関心を払ってこなかった。社会保障費の分析でもって、満足してきたというのが実情じゃないでしょうか。

それから四番目に、国家中心主義というようなバイアスもあったように思います。先ほど、藤村さんの報告のところで、福祉というのは、もともと多元主義的だったのであって、多元な主体の間のバランスが、時代とともに変わってきたに過ぎないというようなお話がありましたけれども、そのこととの関係でいうと、これまでの福祉国家研究は、もっぱら政府が何を行なうかというようなことに研究の焦点を当ててきたように思われます。

7　グローバル化とローカル化

これから福祉国家について考えていく場合、以上を踏まえて、これまでとはもう少し違った問題を取り上げる時期にきているのではないか、ということも、この報告で主張したいことのひとつです。時間がありませんので、簡単にいいますが、先程のバイアスとの関係でいいますと、福祉国家や福祉社会を取り巻く現在の環境は、一方で、グローバル化というのが非常な勢いで進んでくる、他方で、分権化あるいはローカル化という形での変化が起こってくる、という状況にあります。このグローバル化とローカル化のはざまで、福祉国家と福祉社会のあり方に再検討を加える必要があるのではないか、ということです。

それから二番目に、先ほど再分配中心主義ということをいいましたけれども、所得再分配というのは、ある意味で、連帯といった価値を表現した制度でしょう。福祉国家や福祉社会がどういう価値を前提にしているかということについては、いろいろと議論があるところですが、連帯というのは福祉国家を支える価値のひとつだと思います。そして、この連帯的な価値を実現するための社会政策は、従来から行われてきたわけですけれども、福祉国家を支える価値には、もうひとつ別のものもあったのではないでしょうか。この点は、日本では、都立大の山森亮さんなどが比較的早いときから主張していたことですが、承認といったような価値も福祉国家を支える重要な価値のひとつだといえます。社会学の議論にひきつけて考えると、アイデンティティ・ポリティクス、あるいは、承認をめぐる政治などといわれているようなことと関連する領域です。連帯に基づく再分配だけでなく、承認のための社会政策というようなものに、もう少し注目していく必要があるのではないか、ということを、私は考えています。承認をめぐる社会政策というのは、差別禁止などの規制的な政策というものが深く関連してくるでしょうから、社会政策における規制的な観点というものをもう少し打ち出していくべきだ、というのが私の立場です。

8　連帯と承認

したがって、福祉国家から福祉社会へということではなく、こうしたグローバル化とローカル化といった環境の中で、連帯と承認といった価値を実現するために、福祉国家と福祉社会がそれぞれの役割を果たすべきではないか、というのが、この報告における結論のひとつです。そのための課題群を整理するための枠組みが**表1**です。論理的には、いろいろな可能性があり、それぞれ重要な問題だと思うのですけれども、最後に、実践的な意味で最も重要な課題群について指摘して終わりたいと思います。一番目に、グローバルな水準でいうと、グローバルな社会政策の可能性といった課題群、二番目に、ナショナルな水準でいうと、差別禁止など承認をめぐる社会政策といった課題群、三番目に、ローカルな水準でいうと、地域社会のレベルでの再分配ではないかと思います。

与えられた時間を過ぎてしまったのですが、これをいわないと話が終わらないので、数分延長させていただきたいと思います。最初のグローバルな社会政策についてですが、配布資料の中に、グローバルな社会政策をめぐる主体の布置連関を示した**図1**が入っているかと思います。これは後で、下平さんも引用しているR・ミシュラという人の『グローバル化と福祉国家』という本の中に掲載されている図です。このような諸主体がグローバルな社会政策の形成の中に登場してくる、といえるでしょう。

表1　福祉国家と福祉社会の協働の可能性

		連帯	承認
グローバル	WSt/ WSo	Ⅰ	
ナショナル	WSt/ WSo		Ⅱ
ローカル	WSt/ WSo	Ⅲ	

また、後の討論のところで時間があったら触れたいと思いますけれども、グローバルな社会政策の内容としては、ひとつには、グローバル・ミニマムというようなものが考えられます。例えば、国連の人権規約なんていうのが、それに該当するかと思うのですが、こうした形でのグローバルな社会政策の確立と遵守ということが今後の重要課題になるでしょう。また、これは、ミシュラがいっていることなのですけれども、各国の経済的な発展段階に応じた労働基準あるいは社会保障基準、こういったものの設定も必要となってくるのではないでしょうか。国民国家の水準でいうと、公的年金などでは、ナショナル・ミニマムと所得比例という二つの要素があるわけですが、同じことが地球規模でもいえるのかもしれない。

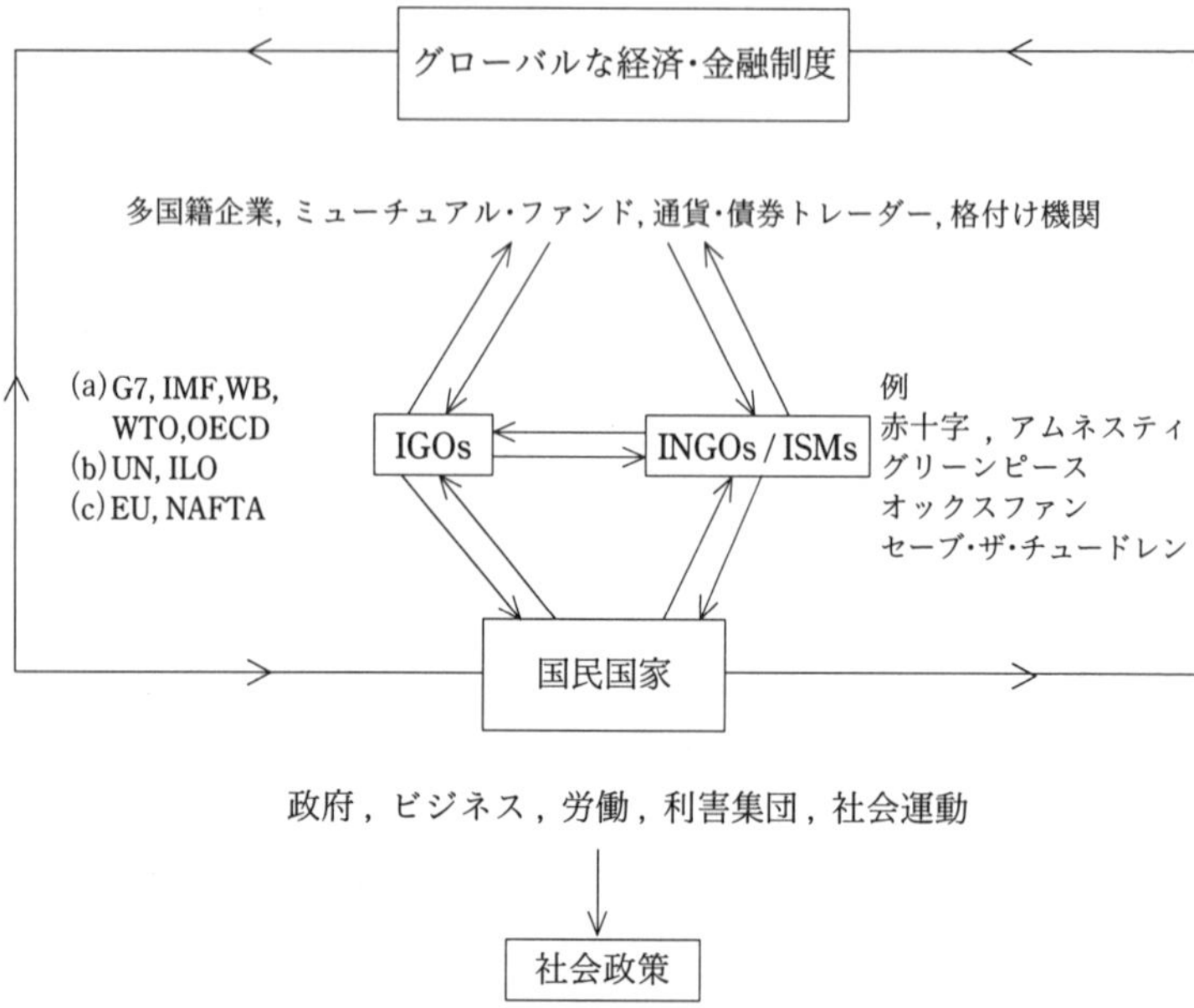

図1　グローバルな行為主体と社会政策

注：(a) グローバル（経済的）
　　(b) グローバル（社会的／人道的）
　　(c) リージョナル（混合）
出典：R. Mishra (1999), *Globalization and the Welfare State*, Edward Elgar, p. 123

それから二番目は、承認をめぐるポリティークについてです。日本の場合、年金とか医療などのような再分配的な政策というのは、その規模をどれくらいにするかという問題が、例えば国民負担率のような形で議論されているわけですけれども、この問題は、ある意味で、すでに決着がついている、というか、その構造は非常に単純です。負担を増やして給付を増やすか、負担を減らして給付を減らすかということの選択に過ぎないからです。もちろん、どちらを選択するにせよ、合意をえることは難しいかもしれませんが。ところが、他方で、理論的なレベルでも解決の困難な問題もあります。承認をめぐる社会政策というのは、まさに、そうした問題でしょう。日本の場合、とくにそうだと思うのですけれども、性別や年齢に基づく雇用機会の差別というのが相当残っていて、この面での社会政策の遅れということに関して、私たちは、もう少し敏感になるべきではないかと思います。また、エイジズムやセクシズムの問題だけでなく、エスニシティに由来するいわれなき差別、精神障害者に対する偏見と差別、あるいは性的志向に基づく差別といった問題もあります。これら承認をめぐる社会政策というのは、これからの社会政策研究が取り組まなければならない最も重要な領域のひとつでしょう。

それから三番目に、ローカルな水準では、介護サービスの供給をどのようにしていくかといったことが、現在の課題です。介護保険が施行されるようになった状況下において、地方政府と地域レベルでの福祉社会との関係をどう形成していくかということが、解決すべき重要な問題のひとつではないかと思うわけです。これはいわゆる地域福祉の問題でもあるわけですが、その詳細について、今日は省略させていただきます。

時間がだいぶ超過しましたので、このへんで終わりたいと思います。ご静聴ありがとうございました。

グローバリゼーション論争と福祉国家

明星大学　下平　好博

1　はじめに

明星大学の下平でございます。本日は、「グローバリゼーション論争と福祉国家」というタイトルでお話させていただきます。さて、本題に先立ち、私がどうしてこのタイトルで報告をするのかを、まず述べさせていただきます。

第一の理由は、武川先生の『社会政策のなかの現代』という本の中で、このグローバル化問題が主題のひとつになっているということであります。特にその中で私の書いた論文なり、日頃主張していることに対して反論がなされておりまして、私自身は福祉国家というものが一九世紀までの資本制のグローバル化傾向を反転させることで成り立った、国際化というものを規制することで成り立ったという理解をし、研究会などでご一緒させていただいたときなどにも、そのように主張してきたわけですけれども、その本の中で武川先生がそういう理解は非常に狭過ぎるのだという認識を示されました。その点が第一の理由です。

もうひとつの理由は、藤村先生の『福祉国家の再編成』という本の中で、ここではグローバル化というものが直接の主題にはなっておりませんが、藤村先生はこの本を書かれるにあたって、グローバル化を時代背景として強烈に意識しつつ、それを書かれたという感じがしております。藤村先生の本の中で、市場とか国家による社会計画に代わる「連帯を基礎にした社会運動」への注目という視点が繰り返し出てくるわけですが、その視点というのは、グローバル資本主義をどう制御するかを考えるうえで、きわめて重要な論点を提供してくれると考えております。

それから今日藤村先生が発表されたテーマに関連させていいますと、藤村先生は福祉国家研究なり、福祉国家研究者の状況認識というものが、産業化理論に基づく収斂理論からJ・H・ゴールドソープの「収斂の終焉論」、それから「福祉レジーム論」、「福祉多元主義論」、そういう流れの中で発展してきたという考えを示されましたが、私は「収斂の終焉論」「福祉レジーム論」「福祉多元主義論」というのはそれぞれ重なるものであると思っています。というのは、「収斂の終焉論」によってわれわれが何を発見したのかというと、一口に資本主義といわれているものにも、様々なタイプがあることを認識したということです。その意味で、多様な福祉レジームがあることを指摘したG・エスピン・アンデルセンと同じ認識を示すものだと思っています。しかし、今日私がお話させていただく「グローバル化」というテーマは逆に、「新しい収斂論」の可能性を示唆している議論とみることができます。

2　グローバル化の定義

まず、グローバリゼーションということがしばしばいわれるわけですけれど、その定義がこれまであまりはっきりとされないままに議論されてきたことを指摘しておきたいと思います。

経済学的あるいは経済レベルで捉えた国際化というのは、ヒト・モノ・カネの国境を越えた移動に注目するものです。特に経済学者は、ヒトとカネという二大生産要素が国境を越えて移動することについて非常に大きな関心を払っていて、そのことがもたらす社会的インパクトは計り知れないものがある、とみてきたわけです。

一方、政治学者や社会学者は、これとは全く別の認識を示しています。例えば政治学者は、これまでの国際関係が主権国家間の関係できた時代から、非政府組織による国際関係が誕生しつつあることに、国際化の新しい意味を見出そうとしていますし、それから社会学者ですと、電子メディアの発達による「文化＝コミュニケーションの脱領土化」に、グローバル化の新たな意味を見出そうとしているわけです。私は一応社会学者ですけれども、この国際化という点に関していいますと、経済学者の捉え方をしないとその重要性が認識できないと考えています。今日の話はヒト・モノ・カネの国境を越えた移動、特にヒト、カネの生産要素移動に注目しながら、そのことが福祉国家にどういうインパクトをもたらすのか、をお話させていただきたいと思います。

3　経済活動のグローバル化はどこまで進んでいるか？

さて、いま、問題を経済活動の国際化に限定した場合に、今日どの程度国際化が進んでいるのかということであります。これを測るひとつの基準として重要なのは、労働市場の統合がどの程度進んでいるかということと、金融市場の統合がどの程度進んでいるか、要するにヒトとカネの統合がどの程度進んでいるかということです。

まず、ヒトの方からみていきたいのですが、ここでは一九世紀以来アメリカに入ってきた移民の数というものを、アメリカの総人口で割った資料を示しておきました（**図1**）。それをみますと、絶対数でみてもまた相対比率でみても、この国境を越えた労働力移動という点からすると、今日の国際労働力移動は、一九世紀のそれに遠く及ばないことが分かります。

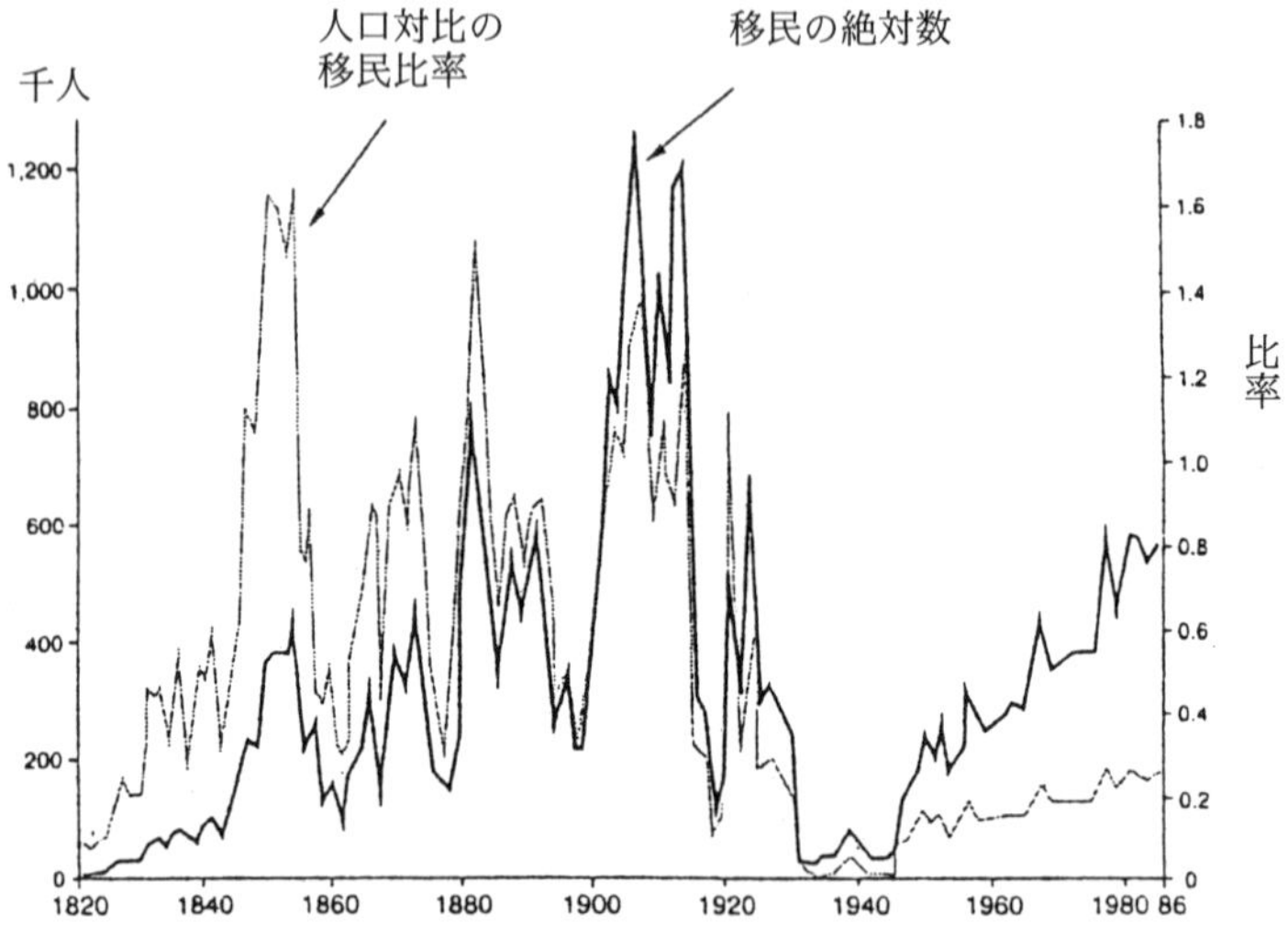

図1　アメリカへの合法移民――1820～1986年

出典：P. Hirst＝G. Thompson (1999), *Globalization in Question: The International Economy and the Possibilities of Governance*, 2nd Edition, Figure2－3, p. 26より。

それから金融市場の統合について、これはなかなか把握することが難しいのですが、例えば、海外直接投資あるいはポートフォリオ投資などをすべての国について、また一九世紀まで遡って把握することはできないのが現状です。そこで、ここでは、フェルドシュタイン・ホリオカ指標を使って、その点を調べることにしました（**表1**）。これはどういう指標かというと、国内投資が国内貯蓄によってどの程度規定されるのか、両者の相関関係をとって、その相関関係が非常に強い場合に、それぞれの国の金融市場が一国単位で閉じている。逆にそれが低い場合は開

表1　フェルドシュタイン＝ホリオカ指標

		(I／Y) = a＋b＋(S／Y)＋e				(S／Y) = a＋b(I／Y)＋e	
	N	Rsq	b	t	se	b	se
1860-1869	8	.02	0.12	0.40	0.31	0.02	0.52
1870-1879	10	.36	0.60	2.12	0.28	0.36	0.28
1880-1889	11	.14	0.38	1.25	0.31	0.14	0.31
1890-1899	12	.60	0.58	3.89	0.15	0.60	0.26
1900-1909	12	.43	0.72	2.78	0.26	0.43	0.22
1910-1919	12	.58	0.72	3.73	0.19	0.58	0.22
1920-1929	12	.44	0.48	2.83	0.17	0.44	0.32
1930-1939	12	.88	0.90	8.91	0.10	0.88	0.11
1940-1949	12	.85	1.02	7.82	0.13	0.85	0.11
1950-1959	12	.94	1.01	13.05	0.08	0.94	0.07
1960-1969	12	.92	0.92	10.75	0.09	0.92	0.09
1970-1979	12	.91	0.92	10.44	0.09	0.91	0.09
1980-1989	12	.79	0.71	6.24	0.11	0.79	0.18
1860-1864	6	.10	0.14	0.67	0.22	0.10	1.03
1865-1869	7	.16	0.26	0.99	0.27	0.16	0.62
1870-1874	10	.24	0.49	1.63	0.31	0.24	0.31
1875-1879	10	.41	0.75	2.38	0.31	0.41	0.23
1880-1884	10	.24	0.52	1.61	0.33	0.24	0.29
1885-1889	12	.14	0.27	1.30	0.21	0.14	0.40
1890-1894	12	.47	0.53	3.02	0.18	0.47	0.30
1895-1899	12	.65	0.64	4.36	0.15	0.65	0.23
1900-1904	12	.61	0.74	3.99	0.19	0.61	0.21
1905-1909	12	.27	0.66	1.93	0.34	0.27	0.21
1910-1914	12	.15	0.72	1.35	0.54	0.15	0.16
1915-1919	9	.75	0.52	4.63	0.11	0.75	0.31
1920-1924	11	.36	0.49	2.28	0.21	0.36	0.33
1925-1929	12	.50	0.47	3.18	0.15	0.50	0.33
1930-1934	12	.93	1.00	11.83	0.08	0.93	0.08
1935-1939	12	.87	0.97	8.26	0.12	0.87	0.11
1940-1944	9	.73	0.62	4.45	0.14	0.73	0.26
1945-1949	11	.78	1.13	5.64	0.20	0.78	0.12
1950-1954	12	.97	1.04	18.64	0.06	0.97	0.05
1955-1959	12	.90	0.96	9.60	0.10	0.90	0.10
1960-1964	12	.90	0.96	9.68	0.10	0.90	0.10
1965-1969	12	.88	0.88	8.72	0.10	0.88	0.11
1970-1974	12	.94	0.90	12.54	0.07	0.94	0.08
1975-1979	12	.79	0.87	6.14	0.14	0.79	0.15
1980-1984	12	.76	0.69	5.78	0.12	0.76	0.19
1985-1989	12	.70	0.68	4.92	0.14	0.70	0.21

注：Yは国民所得、Ｉは投資、Ｓは貯蓄である。また、Nはサンプル数、Rsqは決定係数、bは回帰係数、tはt値、seは標準誤差である。

出典：A. M. Taylor (1996), "International Capital Mobility in History: The Saving-Investment Relationship", in *NBER Working Paper*, No. 5743, Table 3より。

かれていて、海外からのお金の出入りがあるとみるわけです。その指標をみても、一九世紀と比べるとまだまだ金融市場の統合が弱い、とみることができます。

一九世紀の末に、今日と同じように国際化が起きていたわけですが、それがどういうパターンをもっていたのか、どういう特徴をもっていたのかを申し上げますと、次の二点にまとめることができます。ひとつは一九世紀末の国際化のパターンというのは、労働力不足かつ資本不足であった新世界と、労働力過剰かつ資本過剰であった旧世界、いわゆるヨーロッパの先進工業地域との間でのヒトとカネの移動であったこと。しかもその特徴として、旧世界から新世界に向けてカネとヒトが同じ方向に動いたということがあります。それが第一点。それから第二の特徴としては、ヒトの移動がカネの移動をはるかに上回る規模で行われ、それが大きなインパクトをもっていたという点です。それに対して、今日の国際労働力移動、資本移動の特徴をみますと、そのころに比べるとはるかに複雑なパターンをもっているというのがひとつ。それから今日は国際資本移動が主であって、国際労働力移動は脇役に過ぎないという、そういう違いがあります。

4　経済活動のグローバル化の発生メカニズム

そのことを踏まえて、ではなぜそれぞれの世紀末に国際化が起きるのか、国際化の発生メカニズムについて論点の整理をさせていただきます。この点をめぐっては大きく分けて三つの説がありま す。ひとつはヘゲモニーサイクル説、二つ目に情報技術革命論、それから三つ目に政治イデオロギー論という説があります。

私自身はヘゲモニーサイクル論を強く支持するわけですけれども、ここでいうヘゲモニーサイクル論とは、経済的な覇権が崩れようとするときに、国と国との間の資本移動なり、労働力移動が高まるという説です。例えば、一九世紀末から二〇世紀初頭にかけて経済的な覇権がイギリスからアメリカに移る際に、国境を越えた労働力移動及び資本移動が増大した。したがって、二〇世紀末から二一世紀にかけて同じような動きがみとめられるとすれば、それは経済的覇権の交替が起こる前兆であると考える。そういう説です。

それから第二の情報技術革命論というのは、一九世紀末の輸送コスト革命、二〇世紀末のコミュニケーションコスト革命にそれぞれ注目するもので、そういう情報技術の発達が国際化を引き起こすという説です。また、一九世紀末の輸送コスト革命と二〇世紀末のコミュニケーション革命との間には質的な違いがあり、そのような質的な違いに注目する点が先程のヘゲモニーサイクル論と異なるところです。

それから三番目の説としては、政治イデオロギー論があります。この説は、今日の国際化というのは、一九八〇年前後に誕生した英米の新保守主義政権による金融の自由化がひとつの契機になっているのであって、それによって資本主義が変質した結果に過ぎないと捉え、それゆえに、それはひとつの政治イデオロギーに過ぎないのだという説であります。だから、グローバル化といってもそこには歴史法則とか技術法則が働いているのではなくて、単にイデオロギーに過ぎない、そういう見方をするわけです。

5　経済活動のグローバル化は福祉国家にどのような影響を及ぼすか？

国際化の発生メカニズムについてはこのように様々な仮説があるわけですが、次に、それでは経済活動の国際化は福祉国家に対して一体どのような影響を及ぼすのか、というきわめて重要な論点に入っていきたいと思います。この点をめぐってはこれまでの先行研究において次の四つの質問が発せられてきました。第一に、国際化によって各国の経済政策の自律性は失われるのかどうか。第二に、そのことによって、「底辺への競争」が起こるのか。第三に、その行き着く先は自由化を積極的に進めているアングロサクソン・モデルへの収斂という形をとるのか。それから第四に、そのことは結果的に国民国家の終焉につながるのか、という問いです。

これらの四つの問いに対して様々な仮説が示されています。ここではだいたい四つの仮説を整理し、ご紹介しておきたいと思います。ひとつの仮説は、グローバル化懐疑論というものです。このグローバル化懐疑論は、先ほど私が一九世紀との対比で国際化がどの程度進んでいるのかをデータによって示しましたが、そのようなデータに基づいて、今日の国際化はそれほど進んでいないという認識をもち、したがってそのインパクトはそれほど大きくないと主張するものです。いい換えれば、国際化無害論とでもいうべき議論です。

二番目の議論はこれとは逆に、国際化が及ぼす影響というのは計り知れないものがある。特に「悪貨が良貨を駆逐する」というグレシャムの法則が働き、それはアングロサクソン・モデルへの一方向的収斂を生み出すのだという説です。その中には幾つかのバリエーションがありまして、それほど激烈な影響を与える国際化はもともと長続きはしないという仮説がさらにこれに加わります。すなわち、今のような国際化が際限なく進んでいけば、いずれ政治のロジックで「グローバリゼーション・バッククラッシュ」が起きて、それによって昔のような状態に引き戻されてしまう、そういう説を唱える人がいます。

三番目に、経路依存的な調整説という説があります。これは国際化がそれぞれの国に与える影響は、それぞれの国がこれまで辿ってきた経路に依存するものである。そういう経路の違う国々の諸制度がひとつのプリズムとして働いて国際化の影響を変えていく、そういう説です。例えば、どこの国にも、市場に代わるような機能的に等価な制度機構が存在し、それが国際化のインパクトを吸収する。それによってこれまでのモデルを維持できるのだ、というわけです。

表2　仮説命題の整理

①「経済活動の『国際化』はマクロ経済政策の効力を弱める」
②「経済活動の『国際化』は労資関係における勢力バランスを崩し、資本側の交渉力を過度に高めるために、政労使の三者協議体制の基盤を弱体化させる」
③「経済活動の『国際化』は賃金・労働条件を悪化させ、所得分配の不平等を高める」
④「経済活動の『国際化』は社会保障支出に対して下方修正圧力を与える」
⑤「経済活動の『国際化』は反福祉国家イデオロギーを助長する」
⑥「経済活動の『国際化』は左翼・中道的選択肢に制約を加え、福祉国家政策に関して『イデオロギーの終焉』をもたらす」
⑦「経済活動の『国際化』は民主的国民国家のロジックを後退させる」

それから四番目の説として、これは一風変わった説ですけれども、逆に国際化によって「頂点への競争圧力」が働くとみる説があります。この説は福祉国家研究者として著名なG・エスピン・アンデルセンが唱えている説です。彼がこのような説を唱えている背景には、やはり国際化によって経済や社会に強いインパクトが働くと、そのインパクトは結局福祉国家が吸収せざるを得ない。福祉国家がそれらのバッファー機能を果たさざるをえない。そうなると福祉国家が果たす役割は縮小するどころか、むしろ逆にますます大きくなるのだという見方です。この説は、一見すると場違いな議論と考えられやすいのですけれど、実際に一九九七年のアジア通貨危機以降、アジア諸国において社会保障制度を再構築する動きがあることをみると、決して奇抜な説ともいえません。

ところで、以上で述べた主要な論点を七つの仮説にまとめておきました(**表2**)。これらの仮説を、われわれはひとつひとつ実証していけばよいと思うのですけれども、この点をめぐってこれまで幾つかの実証研究が行われているのですが、それらの問題点は何かといいますと、なかなか新しいデータが利用できないことです。それからもうひとつは、一九九〇年代後半以降、実はこの国際化の経済的なインパクト、社会的なインパクトをみるうえで重大な事件が起きていることです。ひとつは一九九七年のアジア通貨危機に端を発した、世界同時恐慌の可能性、これは非常に大きなインパクトをもっていました。それからもうひとつは、ヨーロッパ諸国についていいますと、経済通貨統合がスタートしたことです。この変化が、やはりヨーロッパ諸国の福祉国家運営に与えた影響は計り知れない。これらの二つの点に立ち入って、国際比較研究をしていかないと、なかなか実態がみえてこないだろうなという気がしています。

6　グローバル資本主義をいかに制御するか？

最後に私が取り上げたい問題は、ではこのようなグローバル資本主義をわれわれはいかに制御できるのかという点です。この制御の方法は、先に述べたように三つぐらいあります。

簡単に申し上げますと、ひとつは、藤村先生の考え方などに近いのかもしれませんが、NGO活動によって福祉国家機能を代替していこうという案です。それから二番目の考えは、武川先生がやはりご本の中で指摘されております、国際労働基準を確立して、「底辺への競争」が発生することを防ごうというものです。それから三つ目は、EUに代表されるような地域経済圏を形成していくというものです。そしてそのような地域経済圏を形成していく過程で、段階的に国際化を受け入れていく、という考えです。

私自身はこれらの選択肢にそれぞれ問題があると考えています。まずNPO、NGOによる福祉国家機能の代替というアイディアですけれども、福祉国家がこれまで担ってきた所得保障機能を、NGOやNPOによって代替するということはまず不可能です。それから二番目の問題として、財源問題があります。NGO、NPO活動というのは、ボランタリーな寄付もしくは名目的な利用料というものを財源にしながら運営していかなければならない。それゆえに、それだけでは国民の福祉ニーズをみたすには不十分です。さらにもうひとつの欠陥としては、やはりNGO、NPO活動は、民主的な選挙で選ばれた政治的な正統性を欠くという点です。これは非常に重要なことでして、特に国境を越えて活動するNGO、NPO活動は、何をやっても許されるのかというと、実はそうではない。この正統性を欠いているという意味で、その活動の根拠は薄弱なところがあるわけです。

それから第二の国際労働基準の確立について申し上げますと、このような提案は今しきりになされておりますが、その中身が非常に低水準のものに過ぎないことが問題です。それらはあくまでも最低基準に過ぎないため、ソーシャルダンピングを防止するうえでそれほど有効ではない。またそういう基準を設定することによって、途上国から先進国による「偽装された保護主義」であるという批判も出てくることになります。したがって、こういう批判にどうやって答えていくのかが今後の課題です。

一方、ＥＵ型の地域経済圏の形成につきましても、実際はＥＵの中で共通社会政策というものは、経済統合プロセスの最後に位置づけられているのであって、実はなかなか進展していない。そして実際はＥＵ諸国においても、社会政策の実質上の責任は、いまだ国民国家のレベルにあるのが実情です。

7　おわりに

以上のように、どの選択肢にもそれぞれ問題があり、あまり有効とは思えない。そうすると「出口なし」(武川正吾の言葉)ということになりますが、先ほど私が申し上げたように、二〇世紀末の国際化というのは、基本的には国際資本移動が主役で、国際労働力移動は脇役であった。このことを考えますと、今盛んに主張されている、「新しい国際金融アークティクチャー」を作っていこうという考え方はやはり必要ではないかという気がしております。しかし、その中身については、国によってその主張に大きな隔たりがあり、例えば、アメリカのように資本の逆流だけを防止すればよい、すなわち、赤字国から黒字国に資本が逆流するような事態だけを防げばよいという考え方から、逆に国際資本移動というものをこれからはある程度積極的に規制していかないと経済システムを維持することは難しいという考えまで、バリエーションがあるわけです。いずれにせよ、そういう「新しい国際金融アークティクチャー」を作りつつ、当面は国民の福祉への責任は国家単位で考えていかなくてはならない、と私は考えております。

「二〇世紀の双子」——福祉国家と社会主義

明治大学　鍾　家新

1　はじめに

今日の発表のテーマは、福祉国家と社会主義です。これは非常に大きいテーマで、研究員が五〇人か六〇人のひとつの研究所が二〇年間をかけて研究するような課題です。それを一人でやるので、最初、どんなふうにして報告を作るかで非常に悩みました。結果として、以下のような形の報告を作りました。

私は一三年前に中国から日本に留学しに来ました。来日前は福祉国家に対して実感がないため、現代資本主義社会や福祉に関する書籍から想像することしかできませんでした。いわゆる欺瞞性があふれている現代資本主義社会の一種の延命策というイメージが心の中にありました。日本で実際生活してみますと、そこで感じた福祉国家の実態は十分に違いました。日本での留学が終わってから、大学に就職をしました。そして、自分も医療保険と年金保険に加入することになりました。福祉国家に関しての実感がいっそう強くなりました。他方、発達した資本主義国家・日本における民衆の一部は、社会主義体制に関しても一種偏っている理解をもっていると思われます。「社会主義」と聞きますと、日本の民衆は、「文化大革命」時期の中国や現在の北朝鮮を連想します。つまり、かなり精神状態が変わっている一種の集団がやっている狂気の運動として受け止めているようです。社会主義と福祉国家について、距離を置いて考えてみますと、両者ともその源は産業化社会以降の一九世紀まで遡りますが、二〇世紀の実際の人類社会の中で存在してきた現代社会を運営する二つの方法でした。これに関しては、誰も否定できないと思うのです。武川先生と藤村先生のご著書では、社会民主主義や社会主義について多少触れていますけど、それらを正面から取り上げていないと思われます。今日は、社会主義中国と関連しながら、福祉国家と社会主義との関係について考えてみます。

今日の報告の内容は主に四点あります。まず、両先生のご著書の貢献点、共通点、互補性を述べます。次に福祉国家と社会主義との相互関係について考えます。さらに中国社会主義と社会保障との紆余曲折の関係を考察します。最後は、中国における社会保障制度の整備などを考えるときに、両先生のご著書はどういうところで参考になるかについて分析します。おわりに、課題のようなものを三点提示します。

2　『武川著書』と『藤村著書』の貢献点・共通点・互補性

最近、福祉国家体制の問題は、世界及び日本における社会科学の共通の重要な研究課題になりました。今日の日本における福祉研究は、「即戦力」として期待される「技術論」、及び同時代の政策を解説する「制度政策解釈論」に集中しています。ミクロ的な問題に集中している福祉研究も多くみられます。こういう研究状況のもとで、両先生のご著書は、福祉国家の問題を、社会学の最も基本的な概念を使って見事に社会学的に分析しました。両著書は今日の福祉研究における社会学的分析の独自の切れ味と有効性を示し、福祉研究及び日本社会学会への最大の貢献であると思われます。両著書は戦後日本の福祉国家研究の新しい到達点を示した里程碑になるでしょう。

両著書は三点の共通点をもっています。第一に、いずれも八〇年代、九〇年代における福祉国家体制の問題を研究課題としています。第二に、福祉国家体制の問題を世界的レベルで分析しています。『武川著書』の「三章　福祉国家の未来」と『藤村著書』の「一章　福祉国家・収斂の終焉」は両著者の知的広がりと深さを表しています。第三に、着眼点や分析の思いがけない独創性、社会学理論を運用する巧みさがあります。『武川著書』の「三章　福祉国家の未来」と『藤村著書』の「二章　社会保障の国家間関係」は、社会学理論を援用しながら、福祉問題に対する分析を展開している見本であり、両著書の最大の魅力を表している箇所でもあると評価されます。両著書は同じ福祉国家体制の問題を研究し、同じ出版社で同じ年に出版された成果であります。これは、両著書に「互補性」があるからです。『武川著書』は、福祉国家の危機をめぐる理論と現実、八〇年代と九〇年代の福祉国家の再編の方向、福祉国家体制と資本制・家父長制・成長問題・地球環境問題との内在的関連、等々を世界的範囲で、俯瞰し理論化しました。自由奔放に思考・表現するのは『武川著書』の特徴です。これに対して、『藤村著書』では、八〇年代、九〇年代前半における日本の福祉政策の変動過程、特に自治体福祉政策の実施構造の変容、地方老人保健福祉計画の策定状況、在宅福祉サービスの存立基盤、「あしながおじさん」制度、等々をメゾ・レベルで分析しました。綿密に限定して思考・表現するのは『藤村著書』の特徴です。『武川著書』を先に読んでから、『藤村著書』を読みますと、福祉国家の世界的流れと未来の可能性、世界の福祉国家群における日本の福祉国家体制の位置づけ及び特徴、日本における「分権化」と「民営化」の内実などが一段と鮮明に分かると思います。

3　福祉国家と社会主義との相似点

次は福祉国家と社会主義に関して考えてみます。ある意味では福祉国家と社会主義は「二〇世紀の双子」ともいえます。これは一応私の独自の表現であり、私の造語です。福祉国家は現代資本主義社会の改良策として、私有財産制から派生した社会問題に対処してきました。一九三〇年代以降、特に第二次世界大戦後に急速に福祉国家体制の人気は上昇し、発達した資本主義国家において普及していきました。その背景には冷戦が象徴する社会主義陣営と資本主義陣営との対抗関係が存在していました。社会主義に関する正確で全面的な評価は難しいですけれども、社会主義精神のひとつは、やはり社会的正義や社会的平等を実現するために、国家権力が社会全体を積極的に計画し、管理するところにあると思います。その点では、今日の福祉国家体制は社会主義と非常に似ているところがあります。平等、大衆利益の重視、社会的連帯、国家の介入という社会主義的要素の取り入れによって、福祉国家は社会主義と同様に、二〇世紀の管理国家になりました。要するに、福祉国家と社会主義とを別の側面からみてみますと、二〇世紀の管理国家の別々の形態だといえます。社会主義は経済構造、社会構造、価値規範に対して強力な管理体制を整備してきたわけです。福祉国家体制は緩やかな管理形態になりました。例えば国家間での制度の互換制が締結されない限り、年金保険制度は民衆の「海外での長期居住への遠慮」というようなことで人生設計に影響を与えています。

二一世紀はこういう社会主義と資本主義との全面対立がもうありえないと思うのですが、逆に民主主義と管理国家との対立は顕在化してくると予測されます。つまり福祉国家の体制が維持される場合、民主主義あるいは自己選択の自由との対立などがもっと深刻になると思います。

4　中国社会主義における「労働保険」

これからは社会主義中国に限定して説明させていただきます。一九四九年に成立してからの社会主義中国と社会保障制度との関係は紆余曲折の過程を辿ってきました。一九五一年以後、中国政府は公務員・国有企業の労働者及びその家族を対象とする、労働保険、「職工福祉」(従業員福祉)という社会保障・人生保障の体系を構築しました。この制度は旧ソ連から強く影響を受けました。「職工福祉」の象徴的な部分は配分される社宅です。これらの制度は一九五〇年代に作られ、最初は労働組合あたりを中心にして運営してきましたが、「文化大革命」の影響を受け、運営の仕方が変わりました。労働保険はいわゆる社会保険という性格から離れ企業保険に変質しました。最終的には企業は職員の年金や医療、さらには職員の子供の就職まで保障するようになりました。企業によって職員及びその家族らは社会主義の「優越性」や「恩恵」を最大限に受けることができました。企業はまさに社会主義中国の中で限定された範囲で実現された「福祉国家」といえます。

一九七八年以降、社会全体が急速に変わりました。ひとつは、経済の活性化です。その主な政策は市場原理の復活・導入、対外開放、外国資本・技術の利用、農村での生産責任制の導入です。特に先に下平先生のご発表で報告されたような経済の国際化です。最近では、世界貿易機構への加入という国家戦略の転換が象徴するように、社会主義中国のやり方としては、一国で国内の経済を考えるのではなく、世界的な大循環に入っていって対応していくという対策です。ふたつ目は人口抑制政策です。都会戸籍者に対しては「一人っ子政策」、農村戸籍者に対しては二人か三人に限定する抑制政策です。もっと多く出産している農民もいますが、だいたい二人か三人です。これは都市部における人口の高齢化を加速させました。地域によって高齢化率が異なりますけれども、全国平均で現在七%を超えました。上海市では一三%を超えているという統計も出されました。中国での高齢化の問題はあと二〇年や三〇年を経過すればかなり深刻な問題になります。

長い間、労働保険は社会主義の精神や優越性を象徴するような制度でしたけれども、国有企業にとって重い負担になり、国有企業の競争力を低下させました。こういう過程において、朱鎔基が首相になってから国有企業に対する全面改革を行なってきました。最大の難関は国有企業が抱えている余剰人員の問題です。かれらを簡単に解雇できません。これは解雇された職員は生活できないからです。そして、失業保険の緊急整備の必要性が八〇年代以後政府に認識されました。社会保険全体を建て直そうという動きが出てきました。ひとつは企業労働者を対象とする基本養老年金制度の整備です。二つ目は医療保険制度に関する改革です。三点目は最近に実現できた失業保険に関する統合です。これまでは各地域で失業保険に関する給付期間や給付金額はばらばらでした。前で触れたように、福祉国家や社会保障制度は現代資本主義社会の延命策として、社会主義者に批判されてきました。現在の中国においては、「改革・開放」の政策によって経済システムが変わってきました。しかし、政治システムは、いわゆる社会主義社会の看板を完全におろすことができません。皮肉なことに、現代資本主義社会における社会保障制度のやり方が、逆に社会主義社会の延命策になっていると、私個人は感じています。

5　失業を表現する言葉の変化

社会全体の社会保険に対する考え方は変わりました。社会主義制度は資本主義制度よりも優越した制度であり、失業もないし、売春もないという宣伝が、かつてはよく聞かれました。しかし、現実の中国社会においては失業者はあふれています。失業に関する表現も変わってきました。八〇年代のはじめ頃までは、「待業」(板書)という表現で、失業を表現しました。つまり失業ではなく、「待業」であり、「就くことを待っている」という状況です。ごまかす表現ですね。日本における失業保険制度も、雇用保険という名称に直されました。何か似ているようなごまかし方をしているかなと感じます。九〇年代以降、「下崗」という表現が「待業」に変わって日常的に使われるようになっています。「崗」はポストの意味です。「下崗」というのは、働いている場所からしばらく離れていつか戻ってくるという意味です。短期間離れているのはよいけれど、長期間も離れている場合は完全に失業ですね。現在では中国政府は「失業」という現実を真正面から認めて、「失業」という言葉で表現しています。「失業保険」という名前も正式に登場しました。隠したり、避けたりしないで、真正面から失業問題に対処し、失業保険の整備・充実に力を入れています。それはやはり国有企業の改革を円滑に遂行するためです。下平先生の研究によると、社会保障制度の整備の順番は世界的に、「労働災害補償制度」、「健康保険」、「老齢年金」、「失業保険」、「家族手当」の順番で導入されると指摘されています。これに対して、中国では、医療保険や年金保険を現在整備しているところであり、さらに今急いで整備しているのは失業保険です。この導入順番の独自性は、前述した国有企業の改革の緊迫性によるものです。中国政府は国際化の流れにあわせ、イデオロギーから離れ、現代資本主義社会における社会運営のノウハウを使い、社会主義社会での経済の活性化を図ろうとしています。つまり、社会主義中国はかつての過剰な管理国家から緩やかな管理国家に変身しつつあると思います。そのうちの最大な変化は、やはり「個人」・「企業」・「国家」という三者関係が修正されたところにあります。

6 「労働者」の困惑

武川先生と藤村先生のご報告において「連帯」という表現がありました。それと多少関わっていると思いますが、つまり社会主義社会は基本的には労働者の国家であり、労働者が主人公です。国家の主人公である労働者自身がまさか失業者になって失業保険を申請するのは、気持的には納得できませんし、理論的にも説明されないところが多いのです。しかし、これはあくまでもイデオロギーの世界に限ってのことであって、現実世界はもっと冷酷なものです。例えば、六千人規模のある国有企業がそのうちの四千人をいっせいに削減しました。本人の才能・健康状況、家族の収入状況などを中心にしてひとりひとりの労働者を点数化します。その点数によって「来週の月曜日までに電話がない場合は、一応待業して下さい」といいわたして国有企業の解雇が行われています。厳しい国内・国際競争において、社会全体の連帯に関する意識が徐々に変わってきました。そして、「個人」「企業」「国家」の責任や役割を明確化するようになりました。

要するに、現代資本主義国家の延命策として批判された社会保障制度は、現在社会主義中国の社会構造の転換に役立っています。社会主義中国の「福祉国家」観の変化もありました。「福祉国家体制は現代資本主義の延命策であり、社会主義体制はもっと優越した社会制度である」という考えから、「中国は発展途中にある社会主義国であり、社会保障制度は社会主義社会にも必要である」という考えに転換しました。これまでなかなか真正面から認めようとしなかった失業問題を、失業保険などの整備で真剣に対応しようとしています。中国政府はイデオロギーから脱皮し、社会の管理方法の「国際化」を図っているといえます。しかし、現在の中国は経済の低開発の段階にあるため、先進資本主義諸国における社会保障制度の成立過程とは実情が異なります。

7　『武川著書』からのヒント

現在の中国における福祉制度の整備を考えるときに、『武川著書』と『藤村著書』からどういうヒントがえられるのでしょうか。『武川著書』では福祉国家と福祉社会との関係について論究しています。先の武川先生の報告の中で指摘されたように、福祉国家と福祉社会は必ずしも相互否定的ではないということです。「新しいタイプの福祉社会論では、福祉国家と福祉社会が必ずしも相互否定的に捉えられていない」、「福祉国家を実現するためには福祉社会が必要だ」というW・A・ロブソンのテーゼを引きながら、武川先生自身の考えを述べています。「日本型福祉社会は、家族や企業(の限定された側面)だけが福祉的であることを要求された福祉社会であったが、新しいタイプの福祉社会では、これらに限らず、NPOや政府が福祉的であることも求められる」といいます(『武川著書』、九～一八頁)。現在の中国には強力な中央集権と広範な伝統文化との併存状況があります。強力な中央集権は福祉国家体制の整備に有利であり、広範な伝統文化は「中国型福祉社会」作りに応用されます。つまり、中央集権が今の中国でもまだ強い。管理国家につながる福祉国家体制の導入には、それほどの抵抗がないと思います。西洋文明の結晶ともいえる社会保障制度の輸入過程は、中国の伝統文化に左右されます。中国の伝統家族を考えるときには「宗族」を避けて通れません(板書)。日本社会においてはこれと似ている家族形態はなかなかないですが、それでも「同族」あたりは多少似ていると思います。男性を中心にした血縁の大家族です。同じ「姓」で共通の祖先を有する男性家族の連合体みたいなものです。そういうものをうまく利用すれば、農村における相互補助の組織として活用できるのではないかと、私は考えています。宗族については、強い非公式の権力組織の場合があり、この場合には地方の末端政府は実力で対応できなくなっていることがあります。

次は介護の問題です。九〇年代、「介護が新たな問題として浮上したのは、家族の介護力が低下したからというよりは、高齢化によって介護労働に対する需要が増大したから」であり、「介護の問題は日本型福祉社会論の射程を完全に超えていた」と『武川著書』は指摘しています(『武川著書』、二八二頁)。現在中国においても同じ問題を抱えています。現在中国社会科学院に社会学研究所があります。そこに新たに社会政策研究センターを作りました。その関係者たちは今年二回日本に来て、岐阜周辺の老人ホームでの施設運営や介護のやり方を二週間かけて調査しました。かれらは日本での介護福祉人材の養成などに非常に強い関心をもっているようです。その背景には中国における高齢化の問題があります。人口抑制政策という人為的政策に加速された中国人口の高齢化は顕著です。「一人っ子たち」も結婚の年齢に入りましたし、将来における彼らたちの老親の介護の深刻さは、今からでも想像されます。介護労働に対する需要の増大は不可避なことになります。日本での介護労働力の調整方法は、中国の高齢化問題の解決にとって参考になります。

8 『藤村著書』からのヒント

『藤村著書』の次の三つの視点は中国の社会保障制度の整備に参考になります。第一は、「分権化」の視点です。『藤村著書』がいうには、一九八〇年代半ば以降の日本での福祉政策分野での「分権化」は「統制のとれた分権体制」です。それは「中央政府の一方的な押しつけによって構造化されているのではなく、それを支える行動と意識・財源構造が地方政府の側にも少なからず存在する」のです（『藤村著書』二二七頁）。分権の課題は中央政府たる国と地方政府との関係だけにあるのではなく、地方政府内部での県と市町村との関係にもあります。日本での分権化を考える際、戦前から作り上げられた国民国家としての日本を強く意識します。日本で実際生活してみますと、日本はひとつの国としてちゃんとまとめられている、中央集権国家ということを強く感じます。ですから「地方分権」とか「地方自治」という言葉を聞きますと、どうしても多少の違和感があります。これに対して、中国は、ひとつの国民国家としてまとめられたとはいい難いです。「文化大革命」の一〇年間は、ひとつの擬似国民国家の形をとれたといえるかもしれません。福祉制度を実施するときは、当然巨大な中国社会全体をひとつの単位として実施することはなかなか難しいと思います。つまり農村と都会との間、および沿岸地域と内陸地域との間は、経済発展の水準が違いますし、高齢化の水準も異なります。こういう背景のもとで、分権化の発想は必要不可欠なことです。

第二は、「民営化」の視点です。『藤村著書』は資源配分論という理論を援用し、在宅福祉サービス中心の運営体制の構築、それを支えるための「民営化」を共通底音とする新たな行為主体の登場、現代日本社会における福祉サービスの存立基盤と存在形態を探究しています。中国社会主義の改革の主な柱のひとつは、市場経済の導入です。「敬老院」などの福祉サービスの領域での民営化は奨励されています。しかし、福祉施設の管理人材と福祉従事者の不足が最大の難点になっています。例えば北京とか他の都会において、「敬老院」が増えているんですけど、多くの老人は入りたくありません。主な理由のひとつは、多くの介護者が介護の訓練を受けてない、農村からの出稼ぎの若い女性たちだからです。

第三は、「あしながおじさん」制度の参考価値です。『藤村著書』は日本の民間福祉財源としての「あしながおじさん」制度の成立過程、その制度の理論的な意味、「あしながおじさん」の人間ドラマを描きました。現在の中国にも、非営利の福祉団体が増えつつあります。その主な財源になる寄付は国内の企業・成功した華僑に集中しています。匿名の一般の民衆を寄付の主体と想定した「あしながおじさん」制度は参考になります。

9　おわりに

もう時間があまりないので、最後に三点の問題を提起したいと思います。ひとつは福祉国家の適正規模の問題があるのではないかと思います。つまり今までいわれている主な福祉国家の大部分は例えば、スウェーデンやイギリス、あるいはEUあたりの一億以下の人口の国々です。中国は一二億以上の人口を抱えている多民族国家です。先進福祉国家の運営方法は無修正のままでは、中国で実施されにくいといえます。しかし、先進資本主義諸国の福祉国家の経験をうまく吸収するかどうかは、中国社会主義の改革の成否を左右します。二つ目としては私個人の感情が入っている考えであるかもしれませんが、福祉国家体制はあくまでも、いわゆる西洋文明を基盤にした現代社会の管理制度の一種です。外国文化の吸収に強い日本はうまくそれを取り入れましたが、アジアの他の国、例えば中国とかインドなどではどこまでその管理制度が生かされるかはまだ疑問です。三つ目に関しては、先ほどすでに触れたんですけど、二一世紀は資本主義と社会主義との対立はもうありえないと思うのですが、逆に社会主義は福祉国家の体制を導入し、将来は福祉国家における管理国家の性格が民衆にもっと意識されるようになると予測されます。ちょっと時間を延ばしてしまいました。

第II部　討論

◆討論の概要

第Ⅱ部では、藤村、武川、そして、下平、鍾の各氏による報告を踏まえ、フロアからの発言も含めた様々な討論について、収録することにしたい。そこでの論点は、多岐にわたっているが、主な点をまとめると、次の通りである。①そもそも、福祉国家とは何か、国家の役割とは何か、②福祉国家と福祉社会の関係をどうみるのか、③福祉社会とは何か、その概念、研究の有効性はどうか、という点から活発な議論がなされた。さらに、④グローバリゼーションと福祉国家の関わりをどう捉えるか、⑤福祉国家におけるケインズ主義的な経済政策をどう評価するのか、新古典派の市場概念の評価はどうか、⑥NPOの社会的条件は何か、福祉国家における位置づけはどうか、という点も議論の焦点になった。そして、⑦福祉国家におけるジェンダー、エスニシティの視点をいかに確立するか、という問題設定も示された。なお、フロアからの討論参加者は、富永健一、櫻本陽一、要田洋江、平岡公一、河原晶子の各氏であった。

（三重野　卓）

藤村・武川氏から下平・鍾氏への回答

司会・三重野卓（山梨大学）　山梨大学の三重野です。討論の司会を努めさせていただきます。

　今まで、藤村さん、武川さんから、福祉国家・福祉社会についてそれぞれ報告がなされ、それに対して下平さん、鍾さんから、議論がなされてきました。それでは、下平さんと鍾さんの発表を踏まえて、藤村さんと武川さんにそれぞれ五分くらいで、反論なり、討論なりをしていただいて、問題提起を発展させていただきたいと思います。その後、フロアの方にマイクをまわして、セッションを進めたと思います。それでは、藤村さんからよろしく、お願いします。


藤村正之（武蔵大学）　時間を守れないかもしれませんが、お三方の報告を聞きまして、幾つか感じたことなどがございますので、私なりにもう一度再整理ということで、三点、お話させていただこうと思います。まず最初に福祉国家そのものの問題、二番目が福祉国家と福祉社会の関係、三番目が福祉社会の中身についてです。

　第一に福祉国家の問題をめぐって、福祉国家がグローバル化とローカル化のベクトルに引き裂かれつつあるということが話題になり、その程度の理解や今後の可能性をどう議論していくかということがひとつの論題かと思います。ただし、その中で、下平さんのお話はグローバル化は一九世紀末にも一度起こっているのであって、一〇〇年規模の大きな時間幅で捉え直すべきではないかという問題提起かと思いますが、議論の背景として必要な経済的な知識などが私には乏しいですので、この点、ひとまず問題提起として受け止めたいと思っています。

そのようにグローバル化とローカル化に引き裂かれつつある福祉国家について、武川さんからはグローバル――ナショナル――ローカルという三レベルの整理があり、下平さんがそれに対してやはり国民国家の重要性を指摘するという立場でお話をされました。結局、福祉国家論の展開なり可能性を捉えようとすると、国家の役割の普遍的部分をどう考えればいいのかという側面と、中央政府―地方政府などの分担関係・適切な役割配分をどのように理解していくのかという側面が、コインの両面のように浮上してくるのではないでしょうか。これが、大きな話題のひとつ目です。

第二は福祉国家と福祉社会の関係をめぐってです。武川さんと鍾さんの話に出てきましたが、福祉国家自体は、麗しく語られることもあれば、マイナスのイメージをつけられることもある。そういう両極があるけれど、鍾さんが触れられた通り、福祉国家はある意味ではヨーロッパ思考の社会制度、ヨーロッパ的な社会管理方法が気づかずに国際的に普及したものと捉えられるかもしれない。そうすると、そこから二つの論点が展開できるかと思います。ひとつは、福祉社会がその当該国家の社会形成の実情との兼ねあいでしか出てこないものだとするならば、社会管理方法としての福祉国家がヨーロッパ性をもったとしても、福祉社会が各々の国ごとにどのようなバリエーションとして現れてくるのかという点です。武川先生の最初の話にもつながりますが、日本には日本型福祉社会論が登場したが、これ自身、日本の家族や地域や企業の実情に実際にあわなくなりつつあった七〇年代後半に主張され、八〇年代に事実上議論がしぼんでしまった。もちろん、議論としての浮沈は今後もあるかもしれませんが、現実の担い手の可能性としては期待薄ということになった。福祉社会の日本的なあり方というか、可能性というか、それがどこにあるか。福祉国家がヨーロッパ的だとするならば、福祉社会の国ごとの展開がどうあるのかというのがひとつ関心がもたれるところです。

もうひとつは、鍾さんが中国の話からお話されたわけですが、ヨーロッパ出自の福祉国家に対して、アジア発の問題提起がどのように可能なのかと。私自身は特に国際比較研究や海外の特定国の研究をしてませんので、十分な知識もないのですが、ここからは二つぐらい考えられます。ひとつは人口大国の中国やインドを抱えているアジアにおいては、どのような生活保障システムがありえ、可能なのか。人口規模と社会の管理方法の関係、共同性についての社会意識や集団形態の違い、生活水準や生活の質という発想の妥当性など、福祉国家が進めるものへの反省的認識が必要となるのではないでしょうか。そういえばということで、ふと気がつきましたのは、私たちが社会政策の研究上参考にしているR・ミシュラやA・センがともにインド出身であるというのは興味深いところかとも思います。もうひとつは、下平さんの過去のご研究の中にもあるのですが、八〇年代に大きく伸びてきて、中進国から先進国に仲間入りしようとしたアジアＮＩＥＳのグループで社会保障制度が整備されてきた経験というものがある。昨今のアジア経済危機などでの動向変化もあるのですが、これらも世界に問題提起できるものになっていると思われます。

第三は、福祉社会そのものに関してです。下平さんのお話では、藤村はＮＧＯによる福祉国家機能代替をいっているとまとめていただいたのですが、そこまでは大胆に考えてはいませんので、一部機能代替ぐらいのつもりでおります。その意味では、ＮＧＯやＮＰＯもあくまでピン・ポイント的な社会問題解決でしかないのではないか。ただピン・ポイント的社会問題解決も私たち個々人の生活にとっては十分に意味がある、あるいは社会の流れを作るという意味は大きいですので、それはそれなりに位置づけを確かにする必要があると思います。

私の書物でも取り上げました「あしながおじさん制度」というのがあるのですが、そこでも集団の栄枯盛衰、機能の変化が経験されている。「あしながおじさん制度」は、最初は交通遺児育英会から始まったのですが、母子家庭一般へ問題を拡大すべきだという社会的な動きが組織の内外に出てきた。しかし、交通遺児育英会が財団法人としてスタートしているために、法律上、それ以上のターゲットに対象を拡大できない。そのために、組織の拡大というか分離というか、任意団体として、あしなが育英会というのが奨学生たちの募金活動を下敷きに発足して、現在あしながさん制度の中心もそちらの方に移行している。そうすると、広く財団なども含めて、対象とする問題の大きさや展開・時代性ごとに、ＮＰＯの数だけ栄枯盛衰があって、そのような状況の中で、ある特定時代のピン・ポイントの問題を解決していくことが可能だというふうに考えていった方が現実的ではないかなと思っております。すなわち、ＮＰＯには撤退する勇気もまた求められると。

私自身は、福祉社会という言葉は積極的な形ではまだ使っていないのですが、福祉社会のイメージとして、各人が多元的な集団参加をしていくというスタイルがあるかなと考えております。しかし、別なところでも書いているのですが、多元的な集団参加といった場合に、時間の兼ねあいとか物理的な可能性から、それが中流階層中心の集団となっていく可能性がある。そうすると、多元的な集団参加が望まれるとしても、そこに参加不可能な人たちというのが存在し、現実には関与できないなどということがおこりうる。ＮＰＯと階層という問題も、セットで目配りしておくべきであろうかという感じで思っております。

三人のお話から触発されるというか、自分としても考えていきたいなと思ったのは以上のような三点というところでございます。

司会　はい、どうもありがとうございました。三点ばかり、非常に大きなテーマについての問題提起がありました。特に、福祉国家という言葉を使うか、福祉社会という言葉を使うかで、結構、立場が分かれるということがあり、その点について、本気で議論を始めると大変なことになるという気もしています。では、次に武川さん、よろしく、お願い致します。

武川正吾（東京大学）　藤村先生のコメントは三つに整理されていましたが、私は、いささか散漫になるきらいもありますが、他の報告者の報告を聞いていて考えた点を、思いつくままに述べさせていただきたいと思います。

ひとつは、福祉国家レジームから福祉レジームへというふうにエスピン・アンデルセンの考え方が変わってきているという藤村さんの指摘と関係があります。この点は、私が「福祉国家と福祉社会の協働」といっていることと、少し問題意識が重なっているのではないかと思いました。

藤村さんの報告で面白かったのは、福祉レジームと福祉多元主義というのはコインの裏表であって、両者は国際的にみるか国内的にみるかの違いである、という非常にユニークな指摘です。この点は、私流にいい換えると、福祉多元主義のあり方のパターンを国際比較の中でみると、福祉レジーム論になるということになります。この指摘に反対するつもりは毛頭ありませんが、ただ次の点は気をつけておいた方がいいかと思います。つまり、従来の福祉多元主義の議論というのが、私の言葉でいうと給付国家としての福祉国家に非常にバイアスのある考え方であった、ということです。ですから、福祉多元主義の枠組みの中で考えると、アメリカ型の福祉国家における政府の役割といったものがみえにくくなってしまうのではないか、と思っています。

それからもうひとつは、福祉国家と福祉社会の関係のあり方への社会学の寄与です。福祉多元主義の枠組みの中で考えると、公共部門とその他のセクターとの関係ということになりますが、この関係が、福祉多元主義の理論の中では、何か予定調和的に考えられてきたように思われます。従来、日本の社会学の研究の中では、社会運動の社会学が、社会計画と社会運動の関係、あるいは、政府と民間との関係について、もっとダイナミックな見方をしてきたように思います。アラン・トゥレーヌの影響を受けて、船橋晴俊さん、船橋恵子さん、梶田孝道さんなどが「対抗的相補性」といった考え方を提起しました。これは行政学者の西尾勝さんの『権力と参加』に関する問題提起にもつながるものですが、こうした社会学の研究成果が、もっと福祉多元主義の議論の中に反映されていいのではないか、というのが私の感想です。

それから下平さんの報告の中で、私の本に対する反論がなされていましたが、この点についてもリプライさせていただきます。実をいうと、下平さんは、グローバル化と福祉国家との関連について、今日のようにグローバル化をめぐる議論が流行する前から着目されています。今日でも、グローバル化といわれて、ピンとこない人がまだいるようですので、その意味では非常に先見の明があります。ですから、この問題に対して、下平さんは、既に、いろいろと発言されています。ただ私の方も、下平さんの仕事を全部フォローしているわけでもないので、今日、お話されたことと関係する範囲で、私が今考えていることを述べたいと思います。

下平さんの報告の中で、グローバル化を反転させるものとして福祉国家が成立したという指摘がありました。グローバル化のストップと福祉国家の成立が同時に生じた、ということは事実として正しいと思うんですけれども、それはあくまでも結果としてそうなったということであって、両者の間に必ずしも必然性はないのではないか、というのが私の考えです。

　確かにケインズ主義的な需要管理型の福祉国家というのは、グローバル化から切断することによって成立し、一九五〇年代六〇年代に繁栄したということはあったかと思います。しかし、福祉国家の歴史をもう少し長期的なタイムスパンの中で考えると、あるいは通説的な理解の中で考えると、もう少し違ってみえてくるのではないか。例えば、いわゆるリベラル・リフォームは二〇世紀の初頭に実施されているわけですから、グローバル化していく時代、あるいは帝国主義の段階におけるものです。また、社会帝国主義の主張なんていうのは、グローバル化と福祉国家化の同時追求とみることもできます。また、第二次世界大戦後の社会保障の基盤になる制度というのは、だいたいヨーロッパの場合は、両大戦間期に成立しているわけでありまして、これもグローバル化の停止と必ずしもリンクしてない。ですから、グローバル化の停止と福祉国家の成立というのは、歴史的な必然はともかく、論理的な必然は乏しいのではないでしょうか。

　それから、グローバル資本主義の制御というのが今問題であるというような指摘が、下平さんの報告の中にありましたが、これはまさに私が現在考えていることでもあります。時間が足りないので、また、一回りして時間があったら補足しますけれども、今はちょっと割愛しておきます。

　下平さんはグローバル化にスケプティカルではないのですが、私がいっているようなグローバル社会政策に対してはスケプティカルである、というようなことをおっしゃいました(笑)。それで、グローバルな社会政策に対して懐疑的である論拠を幾つか示されおりますので、それらに対して、若干の反論を試みたいと思います。

ひとつは、社会政策のグローバル・スタンダードというのは基準が低すぎるので、実質的な意味はもたないという論点です。この点については、既に述べたことの繰り返しになるのですが、社会政策のグローバル・スタンダードには、グローバル・ミニマムの部分と、インカム・リレーティッドな部分の両方があっていいのではないか、そうだとすれば、各国の発展段階に応じたリーズナブルな基準を設定することができるのではないか、と答えたいと思います。先進諸国の公的年金は、だいたいにおいて二階建てか三階建ての制度になっているかと思うのですが、これと同じロジックがここでも使えるのではないか、ということです。

各国の社会政策の中で「グレシャムの法則」が働いて底辺への競争が始まる、という論点に対しては、『社会政策のなかの現代』でも書いたことなのですが、「グレシャムの法則」は強力ですが、これに対抗する力も存在するのではないか、と答えたいと思います。私はそれを、隅谷三喜男先生の社会政策成立に関する仕事を改釈して「競争条件均等化の法則」と呼んでおきました。つまり、社会政策の歴史には、先進諸国が後進諸国に社会政策を押しつけるという形で発達してきた側面がある、ということです。ＩＬＯの成立というのは、まさに競争条件均等化法則の賜です。ですから、必ずしもグレシャムの法則だけで、ことが進むのではなくて、もうちょっと別の可能性もあり得るのではないかと思うのです。

次は、グローバルな社会政策の主体の問題です。EUの例を観察すると、国民国家を超えた地域的な社会政策というものに対して懐疑的な立場に立たざるをえないということでしょうか。確かにEUの中でも国民国家が社会政策の責任主体であり続けているということが、一方でいえるかと思いますが、他方、欧州統合の中でサブシディアリティ（補足性）の原則というようなことがいわれるようになってきているという現実もあります。ですから、グローバルなガバメントというのは難しいかもしれませんが、グローバルなガバナンスというのはありえるのではないでしょうか。

最後に、鍾さんのお話は、中国における社会保障や社会政策を取り上げるとき、どういうことが考えられるかということを知るうえで非常に参考になる報告だったかと思います。鍾さんの報告を聞きながら考えたのは、中国は国家はひとつかもしれないけれど、福祉レジームは必ずしもひとつではないのではないか、ということです。

エスピン・アンデルセンは、アメリカをひとつの福祉レジームとして考えていますけれども、アメリカの中は州によってかなり違うということをいいました。同じことは、中国についてもあてはまるのではないか。もしひとつの福祉国家の中に、複数の福祉レジームが存在するということだとすると、中国の社会政策というのは、グローバルな社会政策のひとつの雛形になるかもしれません。つまり、ナショナル・ミニマムと、ローカル・スタンダードの二元構造として、中国の福祉国家あるいは福祉社会は考えられていくのではないでしょうか。鍾さんの報告から触発されて、そんなことを空想をしてみました(笑)。

あと、鍾さんの発表で、ひとつだけうかがいたいのですが、待業、下崗、失業という、その変化なんですけれども、その下崗という言葉が使われてきた時期はだいたいいつ頃なんでしょうか？

鍾家新(明治大学)　記憶をたどりながらお答えすることしかできませんですけれども、「待業」という言葉は主に五〇年代から使われてきました。「待業者」はいますが、「失業者」はいませんという社会主義制度の優越性を表すごまかしの表現です。「下崗」という言葉は八〇年代以降流行しました(板書)。現在では両方とも使われているんです。「失業」は政府の正式文献とか新聞では使われていますが、日常生活の中では、一般の人は「下崗」という言葉に親しみを感じるようです。つまり家族の中で「あなたは失業者です」といわれたり、あるいは「自分は失業中です」と自己紹介したりすることは、ちょっと、どうしても気持ち的に難しい。「今は下崗中」というと、お互いに受け入れやすい。私の義理の弟も二年間失業しました。彼はいつでも電話の中で「現在は下崗中です」といいました。「失業といった方が早いだろう」と、私は冗談でいったことがありました。失業者の急増にともない、政府も民衆も「失業」という現実を直視せざるをえません。

フロアを交えた討論

司会　はい、ありがとうございました。既に、このセッションを始めてから、一時間半以上が経過しております。下平さんも鍾さんもそれぞれ、反論があるかと思いますが、それは後の討論の中で述べていただくということにしたいと思います。それで、論点はたくさんありますが、フロアの方から、どれでもいいですから、四人の方のご報告に引きよせながら議論していただきたいと思います。昨晩、われわれは、今日のセッションについて打ち合わせをしましたが、下平さんから、とにかく司会者は、議論を盛り上げるようにやってほしいという要望がありましたので、そのように、お願いできればと思います。では、富永先生、お願い致します。

福祉国家の担い手は何か

富永健一（武蔵工業大学）　はい、武蔵工業大学の富永です。司会の三重野さんから声をかけていただきまして、今日は大変興味をもって聞きに参ったわけです。念のために申しますと、私は、今日の報告者の中の武川さん、下平さん、司会の三重野さんとは国立社会保障・人口問題研究所で社会保障の研究グループを形成しておりまして、これらの方々は、私の意見を知っておられるわけです。藤村さんと鍾さんは今日が初対面で、藤村さんについてはご著書を大変興味深く読んでおりまして、一度お話したいなと思っておりました。そういうわけで、私は大部分の皆さんと知らない間柄ではないのですが、それにもかかわらず、今日の皆さんの報告を聞いて、やはり私としてはずいぶん違うなと思ったんです。その感じを一言で表すと、全体として危機感が薄いなということです。今、日本の福祉国家がえらいことになっていると思うんです。曲がり角という認識は皆さんおもちだと思いますが、それ以上のことが進みつつあると思うんですね。

まず、一九九〇年代に入ってから、それ以前と福祉国家の様相がずいぶん違ってきたと思いますね。それはやはり、ゴールドプラン、新ゴールドプランとそれからなかんずく介護保険の導入です。これは高齢者の介護ということに厚生省が焦点を絞って、そのための専門の保険を初めて作ったということです。これまで社会保障といえば、医療、年金、失業、労災が中心だったわけですが、高齢者が急増している現在、介護に大きな関心が向けられるのは当然です。ところがその介護を担当できる人が、家族の中にいなくなっている。とりわけ問題なのは、今後は貧しい高齢者が増えていくことにならざるをえない点です。このままあと二〇年三〇年経ったらどうなるのか。エスピン・アンデルセンが書いていますよね。高齢者の中で、アメリカでは三〇%が貧困者だ。イギリスは二〇%ぐらい。スウェーデンは一%以下であるというんです。これらの貧しい高齢者たちは、労働市場で家政婦さんなどを雇うことはできません。このごろは、市場万能主義が流行して、資本主義の悪口をいう人はなくなりましたが、アメリカとイギリス、とりわけアメリカが純粋の資本主義で、今後、日本がアメリカに引っ張られてその方向に突き進んでいく。二〇二〇年か三〇年か、その頃になったら高齢者のホームレスが大都市中にあふれているのでなければいいというのが私の実感です。私の福祉国家の新しい定義は、今九〇%ほどできていて、多分来年出版される『社会変動の中の福祉国家』(中公新書、二〇〇一年八月)という本の中で強調していることなんですけれども、福祉国家というのは機能を喪失した家族の中に国家が入っていく制度である、というものです。今、新保守主義の人たちは、国家がやっていることを次々に壊そうとしているので、郵便局が民営化され、その次には社会保険が民営化される方向にあります。

社会学の人たちも、この頃はグローバリゼーションをこぞって強調する傾向にありますね。グローバリゼーションを強調すると、国家は次第にカゲが薄くなっていきます。問題は、社会保障をやっている人までが、グローバリゼーションを強調することにあります。しかし、どうして福祉国家論をやっている人たちの話が、グローバリゼーションにいくんだろうか。社会保障の担い手というのは、グローバリゼーションがどんなに進もうと、やはり国民国家以外にはないですよ。それ以外にはありえないです。皆さんの危機感が薄いと僕はいったんだけど、それは例えば武川さんの福祉国家でも福祉社会でもいい、福祉国家と福祉社会を両方とも立てていきましょうという認識に現れています。それでいいのだろうかというのが僕の疑問です。

僕の『社会学原理』や『社会学講義』を読んでくださっている方には耳にたこですけれど、僕は「社けです。それに市場と国際社会を入れると七つになりますが、それらの「社会」はどれもみんな福祉を担ってきましたが、市場と国際社会だけは別なんです。それらのうち、日本では特に家族と組織と地域社会が福祉を担ってきました。そして、国家が福祉を担うようになったのが福祉国家です。ところが、これらのうち、高度経済成長によって都市化が進んだことにより、まず地域社会が福祉の担い手たりえなくなった。次に長期不況によって「日本的経営」が解体し、企業が福祉の担い手たりえなくなった。しかし一番の問題は、やはり家族の機能が極端に縮小してしまったということです。パーソンズが「家族の機能喪失」といったのは、一九五五年でした。その頃の日本の家族には機能喪失はまだなく、それどころか「日本イエ社会論」が流行だったのですが、その後核家族化、少子化、高齢化、女性の職場進出が進んで、日本の家族も機能喪失に向かい、とりわけ高齢者の介護ということができなくなりました。これまでは高齢者というのは家族、親族の中に安住していられた。それがその中からシャットアウトされてしまったということです。そして、その高齢者がものすごく増えているということです。ちょっと長くなるので申し訳ないですけど。もうちょっといいですか?すみません。

司会　もう少しで、まとめてください。

富永　どうも報告者の皆さん、武川さんは特にそうなんだけど、新保守主義のペースに巻き込まれてしまったように僕は思うんです。社会学者としてそれでいいのかということを僕はいいたいんです。僕の「社会」というのは、先ほどあげたように広い概念で、国家はその中のひとつとして位置づけられているのですが、それらの中で、家族も企業も地域社会もみんな、福祉の担い手としての機能を喪失してしまったということが問題なのです。だから国家が家族の中に入っていかざるをえなくなったのです。このような状況の中では、「福祉社会」という概念は、何もいっていないに等しいのです。お互い社会学者なんですから、「社会」という概念の使用には厳密でありたい。とりわけ新古典派がいっている市場というのは、私にいわせれば「準社会」たるにとどまり、福祉の担い手にはなりえない。もし福祉を市場が担い得るというなら、これは高額所得者の福祉です。高齢者になったら、かつての高額所得者も多くは貧困者になりますから、高齢者は市場で介護サービスを買うなんていうことはできない。介護保険が発足してから、介護の民営化で、民間企業が介護に参入するようになりましたが、新聞やテレビで話題になった「コムスン」という介護産業に需要が集まらないという問題が起こっていますね。あれは僕の考えでは、今までＮＰＯが高齢者に信頼されてきたのに、商業ベースでそれをやろうとしても、高齢者の信頼がえられないということだと思うんです。

最後に、藤村さんに、ちょっと申し上げたい。私は、これまでずっと、産業化論と近代化論でやってきましたから、今日の藤村さんの報告の一番はじめのところにある、社会学の観点から図式化するという、こういう試みは僕も非常に賛成です。ただ僕は、産業化は例えばウルリッヒ・ベックとか、アンソニー・ギデンスなどがいっている「反省的近代化」という視点を必要とする、と思います。そういう自己反省、産業社会に対する自己反省、それが福祉国家の原点なんです。それはベヴァリッジ型福祉国家の時代からそうだったんですけども、今や家族の機能喪失というところから、それは地球環境問題や公共投資の問題を含めて、産業化の帰結それ自体への深刻な反省の必要、そこに原点がある。それが福祉国家のあるべき姿なんで、福祉国家研究はまさに福祉国家のあり方というところに焦点が絞られるべきだ。社会学者の福祉国家研究はそれをこそいうべきであると、そういうふうに思います。どうも長くなりまして、申し訳ありませんでした。

司会　はい、どうもありがとうございました。富永先生から、長いコメントをいただきまして、報告者は、危機感が足りないというご指摘がありました。司会の私があまり発言するのは差し控えたいと思いますが、福祉国家という場合、現在の高齢化という視点があります。また、福祉国家というものは、そもそも平等という価値の実現を目指していましたが、今後、おそらく、経済格差が拡大していくだろうという問題があります。不況により格差が拡大するということもありますし、脱工業化、サービス化、情報化の中で、格差が広がっていくということも予想されます。男女の賃金格差が大きい中で、女性の世帯主が増加するという点も指摘できますし、高齢者の中での貧富の差という問題もあります。このような意味での危機感もあると思います。

また、家族については、その機能の喪失に国家が入ってくるというのが福祉国家であるというのが、富永先生の主張だというのは、日頃からうかがっております。その一方で、グローバル化といいましても、基本的には国民国家が税金を徴収するということがあります。実際、下平さんは最後に、結局は国民国家レベルで社会政策を再構築しなくてはならない、というふうにおっしゃっております。また、藤村さんのご報告に関しては、リフレクティブ、反省的という視点を富永先生は、お出しになりました。

それで、まず、武川さんには、福祉国家と福祉社会の関係についての議論を中心として、討論していただきたいと思います。それから、下平さんからはグローバル化について、富永先生のご意見に対してコメントしていただき、藤村さんには、リフレクティブ、反省的という点について、お話していただきたいと思います。福祉国家と福祉社会については、いろいろな立場があり、対立するということもあるかもしれませんが。それでは、武川さんから、お願いします。

武川　富永先生から幾つかご指摘があった点に関して、お答えしたいと思います。

何ですぐに福祉国家をやっている人間が、国民国家ではなくて、グローバル化に飛びついていくかということです。八〇年代以降、国民国家が、それまでのように独自の裁量で国内の政策を決めていくことが非常に難しくなってきたというのが、私の状況認識です。この点が、今日、福祉国家とグローバル化の関連を取り上げなければならない理由です。八〇年代のイギリスとフランスが恰好の例だったと思うわけですが、イギリスのサッチャー政府がグローバル化に乗っかった政策を採用してある程度成功したのに対して、フランスのミッテランの社会主義政権は、かなり伝統的なケインズ主義の政策を採ったため、資本の国外逃避のようなことが起きて、たちまち失敗してしまいました。この対照が私がグローバル化を取り上げる問題意識のひとつです。ですからグローバル化に「飛んでしまう」のではなくて、国民国家が社会政策を行えるような形での環境整備の一環として、グローバルな社会政策が要請されている段階にきている、というのが私の基本的な認識です。これがひとつ。

それから、福祉国家と福祉社会との関係についてですが、私は両者をあまり対立的に考えていません。というのは、日本の場合、例えば健康保険は政府が上から作りあげたという歴史がありますけれども、ここでさっきと話が少し変わってユーロセントリズムになってしまうかもしれませんが(笑)、ヨーロッパにおける福祉国家の成立というのは、イギリスでもフランスでもドイツでもそうですが、もともと、共済組合とか友愛組合とかいうような形で、福祉社会の中で自然発生的に成立した年金や医療に関する制度が、ある段階で、国家の制度として組み込まれていって社会保障が成立していくというような側面をもちます。また、福祉国家が成立した後でも、そうした団体がかなりの自立性をもって基金の運営を行なっているというようなこともみられます。日本の場合も、方面委員のような仕組みの成立を考えてみると、同じことがいえるかもしれません。ですから、私は、福祉国家と福祉社会を必ずしも相互否定的な関係にあるというふうには考えていないのです。

三番目に、家族の機能が縮小してきてそこに国家が入ってきた、それが福祉国家であるという富永先生の考え方についてですが、そういう側面があるということは認めることにやぶさかでありません。しかし福祉国家はそれだけの問題ではないだろうというのが私の立場です。というのは、福祉国家は、家族の役割が縮小してきたために、従来、家族が解決してきた問題の解決を国家が肩代わりすることによって成立した、というよりも、産業化や都市化によって生まれた新しい問題を解決するために生まれたという側面が強いからです。機能の縮小した家族が新しい問題の解決を図ることは困難かもしれませんが、それでは機能の縮小していない家族がそれらの問題の解決をすることができるか、というとこれは疑問です。人口の高齢化にともなう扶養や介護の問題は、昔から存在した問題というよりは、人口転換や人間の生命のあり方の変化によって新しく生まれた問題であると考えた方が素直でしょう。労働災害や失業の問題というのは、家族の役割縮小とは一応切り離して考えることができるのではないか、と思います。

最後は、市場の問題です。市場が福祉を扱えるかどうかという点については、八〇年代は割と単純な新保守主義的な議論があって、教育でも医療でも、完全に民営化してしまえばいい、というようなことがいわれました。イギリスやアメリカでそうした傾向が強かったと思います。しかし、実際には、そういうことは難しい、フル・プライバタイゼーション(完全民営化)は不可能である、福祉の領域でできることは、せいぜい準市場を作ることぐらいだろう、というのが、さまざまな実験の結果、九〇年代のはじめ頃までに到達した一般的な結論だろうと思います。

そのように考えた場合、社会サービスを、通常の財やサービスと同じような形で、市場の中で取り引きすることができるかというと、確かにそれは難しいだろうということになるかと思いますが、ただ、一定の管理された領域の中で、市場メカニズムを導入するというようなことは十分可能なわけで、実際、そういうような方向に今向かってきているというのが、現状でしょう。

医療サービスの領域では、保険という制度を導入することによって、日本の場合、民間部門の役割が大きいですから、かなり準市場的な状況というのは生まれていますし。介護保険は、まだ試行錯誤の段階ですから、ただちにどうこうということはないかもしれませんが、長い目でみると、医療のような形で、つまり準市場的な形で、介護の供給システムを形成していく可能性は十分あるかと思います。

司会　武川さんから四点くらいのご指摘があったかと思います。福祉国家と福祉社会の関係については、武川さんはイギリスがご専門なので、イギリスの市民社会というのを念頭に置いていると思うのです。武川さんが、福祉社会について企業とＮＰＯを想定しているということは、常日頃おっしゃっています。それでは次に、下平さん、お願いします。

下平好博(明星大学)　富永先生から危機感が薄いとのご指摘があったのですけれども、私はこの四人の中で一番危機感をもって取り組んでいる人間だと思います(笑)。私の今日の発表は、文献サーべーが中心であったため、私自身の主張がそれほどはっきりしなかったと思いますが、私自身は現在の状況を放置しておくと、それこそ「底辺への競争」圧力が働くと考えております。先ほど武川先生から、「福祉国家はグローバル化を反転させて成立した」という私の説は、一面的だとのご指摘があったのですが、私自身は福祉国家を、文字通りケインズ主義的福祉国家として定義しています。具体的に何を意味するのかといいますと、少なくともケインズ理論が一般理論を通じてあのような影響力をもたなければ、今日、社会計画などという考え方は成立していないはずです。一九世紀まではわれわれは、景気循環によって大海に浮く小船のように振り回される存在という形で歴史をみてきたし、社会をみてきたわけです。二〇世紀になってはじめて、そういう社会変動を抑制できる、経済変動を制御できるという考え方が出てきたのですが、そのような考え方が可能になったのはやはりケインズ理論抜きにしては考えられないわけです。そして、ケインズ理論がいま、グローバル化という現象の中で役に立たなくなってきている。だからこそ大きな危機を迎えていると私は考えています。

司会　危機感という点にもいろいろな視点があります。今、ケインズ主義政策の視点についての議論がありましたが、その他にも、いろいろな切り口があると思います。それでは次に、藤村さんにお願いします。あ、すみません、富永先生、手短に短くお願いします。

富永　僕の視点ももちろんそうです。福祉国家とはケインズ型福祉国家であったというところに歴史的な問題があったと思っているけど、ケインズ型福祉国家が行きづまったから、グローバリゼーションが進展したから、だから福祉国家政策はもうやめるべきだというとしたら、そういう発想自体が非常に新古典派的な発想なんです。これはエスピン・アンデルセンがいう「リベラル型の福祉国家」はそうなんです。だけどヨーロッパ大陸、特にコーポラティズム的な福祉国家と社会民主主義型の福祉国家は、僕はちょっと問題設定が違うんではないかと思っているんですけど。いかがですか？

下平　私はこれまでスウェーデンの経済政策の歴史を調べたり、オランダの経済政策の歴史を調べたりしてきたわけですけれど、確かにケインズ型の需要管理政策が、北欧ではあまり採られなかったとか、オランダではそういう政策が採られなかったということはあると思います。その意味でコーポラティズム型の福祉国家というものが、ケインズ政策と直結していないのですが、ケインズが戦後社会を再建しようとした際に考えていたロジックというものは、北欧であれヨーロッパ大陸であれ、共通していたと思います。それは何かと申し上げますと、二〇世紀に入って「所有と経営との分離」が進んだわけです。それによっていわゆる資本家階級というものが「投資家階級」と「経営者階級」の二つの階層に分かれ、経営者階級とその下で働く労働者との間の「生産者階級同盟」というものが成立して、福祉国家が成り立ったということです。この点についていいますと、北欧の社会民主主義であれ、ヨーロッパ大陸諸国のコーポラティズムであれ、また日本についても少なくとも六〇年代以降の労働運動について、ほぼ同じことがいえると思います。

司会 では藤村さん、お願いします。

藤村 ご指摘ありがとうございました。危機感が薄いというお話で、一番最後に登場してしまうと、私が一番薄いですといわざるをえない構造になっているような感じがしているところでもありますが……。富永先生からのご指摘の趣旨の一端を、やはり問題の現実性に近づいていこうということだというふうに理解をしております。それとの対比でいうならば、今回の報告で行なった作業は地図を作る仕事というところに意味づけを置いておりまして、それでは足りないといわれれば、「はい、その通りです」という感じも致します。

現在、福祉国家として進行中の事態の中で、諸政策や諸問題の動向をどう位置づければいいのか、多くの人の手探りの状態が続いていて、全体像をつかめきれずにいる。社会現象というのは常にそういうものだともいえるわけですが、当面、政府や諸アクターの働きに着目しながら接近してみようという意図で、地図作りの作業にあたってみたというところです。ただし、マクロな抽象論を含むこのテーマセッションに多くの皆さんにおいでいただいているところからすれば、「地図をみせろ」という皆さんの期待もあるのではないかなという気もしております。

しいていえば、地図的なものと個別の問題との往復をどうやれるかということが問われており、皆さんもそのような往復運動こそみせてほしいという関心が高いのではないかと思います。個別の問題設定と社会学的概念との往復をもっと意識してやる必要があるだろうと感じております。私なりには先生からのご指摘を、福祉国家をもっと反省的・本質的に捉えるために、国家の働きを最も注視して、そこに社会学的に踏み込んでみてはどうかというアドバイスというふうに受け止めさせてもらいました。

また、もうひとつの論点としては、家族と国家をもっと対立しているものとして捉える必要性を指摘していただきました。私もＮＰＯや住民参加型の団体が家族と国家の中間に入って、その問題の解決の一端を担っているという話をしているんですが、確かにそのような中間集団で中和させる前に、家族と国家の対立という視点で捉えてみる必要があるかもしれません。そういう視点でみえてくる、もう少し違う点もあるかもしれないという感じでおります。ただし、国家も国家という一枚岩で考えた方がよろしいのか、都道府県―市町村という地方政府を含めた政府の重層的な関係として捉え、その働きやら家族への介入の問題なりを政府間の機能分担的に考えることはありえるかなとも思います。まあ、その前に政府機能の確認という作業が確かに必要なのでしょう。ここは、議論の焦点がマクロ・レベルにあるのか、メゾ・レベルにあるのかというところなのかもしれません。

先生と多少角度は異なりますが、家族から派生する問題に世代論的な視点を入れてみれば、戦後日本の家族変動の第二ステージともいえる状況の中で、気づきにくい形で進行している事態もあるのではないかと思います。その論点は、介護に直接関わる問題というより、子育てや育児の問題からの展開になるのですが。日本では一九五〇年代に家族で生まれる子ども数が五人から二人になり、子どもは二人きょうだいという家族が多くなってきたわけですね。その結果、従来よりきょうだいがいなくなったため、自分が親になって子育てしようとするときに、きょうだいの助け合いというのが望めなくなってきた。それは、落合恵美子さんの子育てネットワークの議論の中にも出てきていて、七〇年代、八〇年代にそれが特徴的に現れたかと思います。

今度は、その現象の延長上、さらに二〇年後に二人きょうだいである人たちが九〇年代、二〇〇〇年代に、四〇代、五〇代のおじさん、おばさんの層になるわけです。しかし、きょうだいが減っているから、その実数が減っており、子どもたちにとってのおじさん・おばさんがいなくなっている。このことは、日本で初体験されていることだと思うのですね。つまり、私も自分の親父やおふくろのきょうだいを考えれば、おじさん・おばさんが一〇数人いるんですが、私の姪や甥になると、二、三人しかいない。おじさん・おばさんという「親密な他人」が子どもたちの成育上果たす役割は大きいと思うのですが、子どもたちの規範獲得の助長や親とは異なる受容体験の提供などが機能しなくなってきている。二〇〇〇年代の子どもたちの社会的な経験の不足には、一九五〇年代に確立した二人きょうだいも今遠因のひとつとなっているのではないかとみています。やがて、介護の問題にもどのような形で跳ね返るのだろうと感じておりますが。

まだまだ危機感が薄いといわれるかもしれないのですが、リプライはこの辺にさせていただきます。どうもありがとうございます。

司会　議論の進め方については、今、藤村さんがおっしゃったように、ひとつは、福祉国家をめぐる地図を描くというのがあり、もうひとつは、実態を踏まえた議論を行なうという二つの視点を指摘することができると思います。さらに、国家の普遍的役割をどうみるのか、という論点もあると思います。以前、富永先生とお話したとき、社会学はちゃんとした国家論がないというお言葉が先生からありました。国家論は、社会学では、とても弱い分野だと思います。それでは、フロアの皆さん、ご意見、よろしく、お願い致します。

ケインズ主義的福祉国家とＮＰＯの位置づけ

櫻本陽一（高崎経済大学）　高崎経済大学の櫻本と申します。藤村先生とかパネラーの方は割と何回も話を聞いていたんですけれど、富永先生の今日のコメントは非常に感銘を受けたというか、感心して聞いておりました。やはりケインズ主義的な国家の問題というのは、それが例えばさっき武川先生がいわれたミッテラン政権の評価の問題と関わりますけれど、それがだめだったというふうにいわれ方をしているわけなんですね。だめだったというふうないわれ方は、すごいイデオロギー的な力をもって、新保守主義とか新自由主義の力になっているわけですけれど、それがなぜだめだったのかと、本当にだめなのかという議論はされていないと思うんです。やはり一九世紀から資本主義に対して、それこそ近代社会のひとつの自己反省性として出てきた国家の公的な役割というものが、そのケインズ主義的なものが失敗した、挫折したからといって、そういうのが最初からない方がいいんだという話になっているんですけれど、それはどうなのかということです。

あともうひとつは、中間団体とかＮＰＯとかの問題です。家族の問題と関わりますが、ある種ものすごい勢いで人間関係とか、社会的なレベルで社会学的な問題としては個人主義化みたいなことが進んでいますけど、その中で中間的なＮＰＯとか、ボランタリーな組織とかを考えることは、やはりそれ自体が非常に困難な事柄だということを意識しないと、そもそもだめだと思います。つまりボランティア的な組織というのは、確かにピン・ポイント的な課題解決に対しては力をもちますけれど、ではボランティア的な組織がいったいどういう社会的な条件によって可能になっているのかを考えると、それは例えば一人一人の個人の文化的な教養レベルであるとか、経済的な豊かさのレベルであるとか、そういうものに規定されるわけです。もうひとつはそういうものを前提として組織化している国家の全体的なある種の政策なり制度なりの条件、そういうものがボランティア的なものを伸ばす方向にあるのか、あるいは全くそういう条件を与えないで、ある種のデマゴギーとして、「自立」といっているのか。そういうことになると思うので、何かボランティアとかＮＰＯとかという議論も、それ自体がだめだということではなくて、それを支える、可能にする制度的な法的な条件というのをやはり考えていくということがあるんではないかと思います。

司会　櫻本さんの論点は、二点で、ひとつは、ケインズ主義がだめになったというのは、なぜかという、これは下平さん、答えていただけますか。それからもう一点として、中間団体としてNPOの話が出たのですが、そのための社会的条件は何かということです。NPOについては、そもそもNPOとは何かという話になると、それだけで時間が必要ですし、それぞれのNPOに対する認識が異なるかもしれませんけれども、この二番目の点は藤村さんでよろしいでしょうか。誰か、指名などありませんか？

下平　第一の質問へのお答えですけれども、ミッテラン政権が八〇年代に採った経済政策が失敗した理由はやはり金融の自由化、端的にいえば国際資本移動が激化する中で、積極的な財政政策を採ろうとしたが、その効果がなかったということだと思います。それは経済学的にいうと、「マンデル・フレミング・モデル」によって説明することができます。すなわち、自由な資本移動下において、変動相場制を採る国では財政政策が効力を失って、唯一金融政策だけが意味をもつ。逆に固定相場制の下では財政政策だけが有効で、金融政策は機能を失う、とされています。この「マンデル・フレミング・モデル」が実際に過去二〇年ぐらいの経験の中で、どの程度妥当するのかということがいま問われていますけれども、私自身はかなり妥当するのではないかと考えております。ただ、それこそ数年前のアジア通貨危機の際に日本もその巻き添えをこうむって金融恐慌に陥り、もしあのときに財政出動をしていなかったら、今頃われわれは職を失っていたというような意味で、本来の不況期にケインズ政策が効力を発揮するということは依然真実だと思います。ただ、グローバル化によってそれが長く続けられない時代になったということではないでしょうか。

武川　ちょっといいですか、一言だけ。ちょっと誤解されたことがあると思うので一言だけ訂正させていただきます。ケインズ主義福祉国家はだめだったからもともとなかった方がよかったんだ、というようなことはいったつもりはありません。だめではなくするためには、もう少し他の条件も考えていきたい、そのためにはグローバルな社会政策を考えなければならない、というのが私の趣旨です。そこのところが誤解されていたとしたら、訂正したいと思います。

藤村　ＮＰＯやボランティアの難しさというのは、私もその通りだと思っていますので、社会学からそれらの現実の動向への深い目配りが足りないままで、キーワードだけ音頭を取るのはどうかなと思っているところが多少あります。その意味では、私たち自身も事例研究をするときに、ボランティアの組織化が可能になる条件がどのように細密化できるかということにもっと着目する必要があって、志の高さが大事であるというような議論を社会学がするのはどうかなと思っています。ＮＰＯなりボランティア組織において、どのような条件がそろえば人はやる気を高めるのか、またどうすれば参加したいと思いつつ不安な人のハードルが低くなるのかという問いを、私自身考えていきたいというふうに考えています。

先の著作でも取り上げましたが、住民参加型団体やあしながおじさん制度においても、志だけでは続かないわけでして、いかに本人の中で習慣化していくか。毎週やっているからとかという形で歯磨きをするような感じになっていくことがボランティア継続の重要な条件ではないかと思っています。同時に、ＮＰＯのコーディネーターなどには、そのような各々習慣の違う人たちを、どのように組織化していくかという力量や目配りが問われるのではないかなと思われます。論文で取り上げました住民参加型の団体でも、活動しているのは登録者の半分という状況でして、ただし、いざという時や年に一回の大量の動員が必要なときには、残りの半分の活動していなかった休眠中の皆さんが実は大いに役に立ったりする。すると、ボランティア組織やＮＰＯにおいて、継続的な活動をする人ばかりでなく、週一回、月一回、年一回という形で参加する人をどう確保し、どうバランスを取るか、いざというときに備えている残りの半分の人たちの気持ちをどのようにつなぎとめておくのかが、大変重要なところになってきていると思います。年一回のボランティアなんか、「織姫／彦星ボランティア」なんてネーミングがいいのではないかと思ったりしてますけど。

その意味では、ボランティアやＮＰＯ組織が継続して生き残っていくということ自身が、組織の栄枯盛衰と同様、社会学のメゾ・レベル的な組織研究としては大変意味があるというふうに思います。事例的には、住民参加型団体などで、奥様方は訪問活動だけでなく、仲間と山へハイキングやぶどう狩りにいくのも慰安旅行としてセットになっているので楽しくやれているとか、高齢者の退職した男性の皆さんは活動が終わった後の一杯の飲み会が好きで集まっているとかいうこともある。そういう側面は否定する必要のないことで、そういう形からであれ、社会関係・地域関係ができていくことの方がいざという時の力になる。

それから、あしながおじさん制度からはイメージ形成という要素が重要であることを学ぶべきかと思います。交通遺児育英会で奨学金への継続的な寄付制度を展開しようとした最初のときは、「あしながおじさん」ではなく、「教育里親」という名称で募集をかけたのですが、残念ながらその名称のときは誰も名乗りでなかったと聞いております。それが、「あしながおじさん」という小説でもよく知られている名称にすると、当時の一回目の募集で一七〇〇人の人たちが手をあげてきた。現在のあしなが育英会では、活動休眠中の人も含めると二万人を超える人たちが登録されているという状況になっており、いかにボランティアやＮＰＯ組織を支える人たちにとってのイメージ形成が大事なのかというようなことになって参ります。そうなると、社会学のＮＰＯ論なのか経営学のマーケティングの議論なのか、紙一重のところに、このテーマはつながっていく時代に入りつつあるかなと思っております。

司会　はい、ということで、櫻本さんよろしいでしょうか？では他の方、是非ご質問やご意見、よろしくお願いいたします。

福祉国家における国際人権思想・ジェンダー

要田洋江(大阪市立大学)　大阪市立大学の要田と申します。今日の発表を楽しみに参りまして、先生方の発表と富永先生のご意見を聞いて、また是非指摘しておきたいし、お聞きしたいこともあるということで発言したいと思います。下平先生のところで、国際人権規約のお話があったかと思うんですけれど、私は現代の福祉国家のあり方をみていくうえで、やはり国際人権思想の深まりによる発展という視点を絶対押さえてほしいと思うんです。そもそもグローバル化していく背景にそのような思想の展開による面もあるはずですし、そのことから福祉国家をもう一度眺めて、従来の中央集権型の福祉国家というものが反省を迫られているという点、あるいは国民国家の限界が大いに指摘されているという点は、まさに国際人権思想の深まりと関わりがあるからだと思うんです。この指摘が十分ではなかったというのが、今回の先生方の発表でちょっと残念に思ったところです。

そのような視点からみますと藤村先生が先ほどまとめてくれた中に、福祉国家はグローバル化とローカル化に引き裂かれているという表現をされているんですが、これはグローバル化にともなって、いわゆる従来国民国家の中で国民といわれていた人だけではない人びとが地域に住んでいることからくる問題をどう解決していくかという点とかかわると思うんです。外国人というふうにいわれている人たちの処遇をどうしていくかがこれからの福祉国家の課題です。そもそも、福祉国家の建設はやはり人びとを幸福にすることを考えていく、つまり、いかにして人びとが人生を幸福に暮らすことが可能か、そのために国はどうするべきかというのが大きな目標としてあったと思います。すべての人がそうとはいいませんが、福祉国家を建設するという大きな思想の片側にはあったと思うんです。ですから今後は、従来国家が主役であったところを、人びとを主役にしていかに国を作っていくかということが中心にならないといけないと思います。そういう意味では私は富永先生の意見というのは大いに賛成で、どちらかというと、私みたいのが富永先生と似ている意見をいうということになるのは面白いなと思うんですけど。

むしろそういうところから眺めますと、いわゆる戦力配分、アイデンティティ・ポリティクスという言葉が武川先生のところにあったと思うのですが、要するにこれからの福祉国家の課題は、人間の復権であると思うんです。ですから鍾先生が非常にクリアーにその福祉国家を他の先生方とは違う観点でまとめてくださっておられますが、私も大いに賛成したいなと思うのは、二一世紀は管理国家と民主主義の対立の世紀だろうという点です。私は福祉国家の発展を促したのは人権思想の深まりだといったのは、まさにそのことだと思うんです。だから新保守主義の問題もむしろそこから眺めていかないといけない。要するに新保守主義のように国家予算削減という視点から民間部門をみるのではなく、管理国家による福祉国家の限界をいかに乗り越えるかというところから捉えるべきで、その視点からすれば、専門家と素人との関わりでは、素人といわれる市民、あるいは当事者の力がより評価される。そういうところでまたNPOというものが評価されているということです。先ほどいった国民と外国人との関わりでは、日本国籍を持たない人びとをどう社会に包摂するかを考えていかなければいけないということです。

もうひとつ私が残念だと思ったのは、ジェンダーの問題が全く触れられていないという点です。ただ家族の崩壊という形では触れられていますが、ジェンダーの問題は従来家族の中で大きな役割を果たしていた女性というマイノリティーの復権の問題であるというふうに思うんです。ですからそのあたりの問題にも大いに触れていただいてほしいと思います。それぞれの先生は、多分言葉の背後には、これだけの先生方ですから、そのような視点を皆おもちだと思うんですが、その点について、それぞれの先生にジェンダーという問題や、今指摘したことについてどのように考えておられるかという点について、ご意見をいただけたらと思うんです。

最後に、下平先生がいわゆる社会政策への責任は結局国民国家レベルで再構築するしかないと指摘されましたが、これは富永先生と同じことをいっておられると思うんですが、やはり国家というのは資本主義国家の中においても、行政、政府の役割として、どういう社会を作っていくかという責任に大きく関わってくるというふうに思います。以上です。

司会　大変鋭い指摘でありまして、だから今までの国民国家を前提としている福祉国家が、外国人の問題を十分に扱えないということがあります。また、このセッションで、ジェンダーの問題についての検討がなされていないというご指摘もありました。私自身、最近、政策評価を研究上のひとつのテーマとしていまして、福祉国家における行政改革とか行政評価という点も必要かと思います。まあ、私の意見はいいわけで、それでどうしましょうか。皆さんにそれぞれ一言、お願いするということでよろしいでしょうか？　あまり長くしゃべられますと、時間の制約の面で困りますから、手短にお願いします。

武川　どうもありがとうございました。ジェンダーに関するご指摘なんですけれども、今日の報告で取り上げなかったのはちょっとまずかったかなと今反省しています。一応、『社会政策のなかの現代』の中では、福祉国家というのは、資本制と家父長制との関係の中で理解されるべきだ、というようなことを書きました。今日の報告でも、資本制に関する議論はしたのに、家父長制の方を十分に取り上げなかったのは、単に忘れたということだけではなくて、少し理由もあります。それは、最後のところで取り上げた、承認をめぐるポリティークということと関係します。私たちの社会には、ジェンダーをはじめとして、いろいろな形でのアスクリプションに基づく差別が存在します。社会学はそうした問題に敏感ですから、階級、ジェンダー、エスニシティといった問題について、かなり議論の蓄積を行なってきました。福祉国家や社会政策をめぐる議論の流れの中でも、フェミニスト・アプローチというのが八〇年代ぐらいから始まって、九〇年代になると、エスピン・アンデルセンの仕事に対してもジェンダー・ブラインドだとの批判がなされたのは、知られている通りです。ですから、社会政策におけるジェンダーの問題というのは、それなりの成果がすでにあがっているのではないか、という状況認識が私にはあるのです。

これに対して、これまで十分に取り上げられてこなかった領域として、要田先生が取り上げているような障害者や精神障害者に対する差別、あるいは、人種やエスニシティやセクシュアリティに基づくヘイトクライムの問題などがあるのではないか、と思っているんです。こうした領域がまだ不十分な取り上げ方しかされてないのではないか、といったようなことがあったものですから、ジェンダーというのは敢えて取り上げないで、むしろその先のことをもう少し考えてみたらどうだろうか、というのが今日の問題提起だったわけです。

藤村　ありがとうございました。要田先生からいただいた論点の第一点、人権思想を位置づけての議論の見直しは、これからの自分の課題ということにさせていただきたいと思います。第二の点、ジェンダーの議論をめぐっても、今回の議論の流れでは話題としては触れられなかったのですが、少し角度を変えて、次のような論点をあげておきたいと思います。政策決定に関わって、ナショナル・レベル、ローカル・レベルの審議会とも、利害関係者を集めての議論で、方向性が決まらなくなってきています。その結果、答申は両論併記があたり前のようになっていて、ここ二・三年の政策論争の場はいったい誰が決めてくれるんだみたいな感じに変化している。すると、階層でいえば、階層間は異なる利害、階層内は同一利害をもつというような認識がもう成立しなくなってきつつある。もう少し多様な変数の導入が求められていて、世代であるとか、都市―農村という地域間、ジェンダーや障害の問題、さらには家族構成の問題、一人暮らしの人と夫婦だけの家族、子育ての家族などで異なった議論が必要となってきている。ジェンダーにおいても、異性間の差異だけでなく、同性内でも専業主婦と共働き世帯などでは、年金保険料などで利害が全くくい違うというようなことも大きく表面化してきている。

従来であれば、利益や利害のポイントが明確だったものが、多様性を増してきていて、その微妙な差異への目配りがますます必要になっている。ただ、目配りが必要だというときに、各々の議論をそれぞれ個別にまたやればいいのか、総合的視点で何か論点が決められるものなのか。私には、総合的な論点で何かを決めるというのは難しいところまで、日本の人々のさまざまな属性構成が入り組んでいて、だからこそ、そこでの利害対立がこれから本格化するのではないかとみております。しかも、その連立方程式に唯一の解はないという状況なのではないか。そんな感じかなとみておりますので、ジェンダーの問題も、宿題としては、そのウチとソトで利害が複雑化していることを解き明かさなければならないだろうと思っているというところです。

鍾　ありがとうございます。全部お答えする時間がないと思いますが、二点に絞って説明させていただきます。

ひとつ目は外国人からみた福祉国家がもつ管理国家の性質の問題です。個人の感想をいわせていただきます。現在日本で働いている外国人は結構増えているんです。医療保険と年金保険は強制加入です。一生日本にいる予定の外国人にとって魅力があると思うんですけど、例えば何年後かに本国に戻るつもりの外国人たちにとって、年金保険はそれほどの意味がありません。民主主義社会の中では、一番大事にされているのは自己選択の自由と思われます。例えば外国人の社会保険の加入に関しては、医療保険と年金保険を分けて選択させたらいかがでしょうか。福祉国家はいわゆる管理国家の一形態ですので、外国人に関しての特別の扱いは難しいかもしれません。

二つ目は女性と福祉との関係ですが、先ほど報告させていただいた社会主義社会の話とも関わっているんですけど、社会主義社会にはいろいろ問題がありますが、評価するべき達成もあります。私個人として高く評価したいことがひとつあります。それは男女平等の試みと成果です。しかし、現在、中国の国有企業の改革において、国有企業の職員を解雇する際、やはり女性職員は男性より先に狙われる対象になりやすい。女性と福祉国家との関係はきわめて微妙です。福祉国家体制の導入の中で逆に女性の立場が弱くなってしまう側面がでてくるのではないか。富永先生のいい方でいうと、これに関する危機感は本当に必要だと思います。

下平　要田先生から出されました、国際人権規約という話なんですけれど、私が今日の報告の中で取り上げたのは国際人権規約ではなくて、あくまでも例えばＷＴＯの中で論じられている社会条項といった問題です。私自身は「法規範の国際化」というものは、進めば進むほどいいと思っております。しかし今日の話は経済活動の国際化ということに問題を限定させていただきましたので、ああいう形で議論させていただきました。

それから第二のジェンダーの視点ですが、グローバル化が女性の地位にどういう影響を与えるのかということは非常に重要でありますが、私自身まだ勉強不足でそこまで至っておりません。今後の宿題とさせていただきます。

司会　それでは、時間もありませんので、是非という方お願いします。

福祉社会論と国家の普遍的役割

平岡公一（お茶の水女子大学）　福祉社会論が話題になりかけたのですが、あまり議論が深まらなかったみたいなので、一言申し上げたいと思います。内輪の話で恐縮ですが、私は研究仲間の間では福祉社会論嫌いということで通っているのですが、好きか嫌いかは別にしまして、日本の中で福祉社会論について語ることの困難さとでもいうべきことについて、指摘したいと思います。

それは二つあるかと思うのですが、ひとつは、基本的には福祉国家でも同じですが、福祉という言葉には呪縛というか、魔力みたいなものがあるのではないかということです。日本では福祉という普遍的理念を表す言葉を、同時にサービスや政策の種類を示すために使う場合があるのですが、例えばイギリスでは、対人社会サービスという概念が福祉サービスの概念に代わって使われているとか、ドイツでは社会国家という概念があって、福祉という言葉を使わなくても同じ対象について語ることができるということがあります。一方日本では、ちょっと適当ないい方かどうか分かりませんが、非常に厳密で緻密な議論を展開するはずの社会科学の研究者であっても、福祉ということになると、現実に起きている問題に対して、怒りをぶつけるとか、福祉社会のビジョンや希望を語るというようなことが研究論文になったり、学会発表になったりするような雰囲気があるということが非常に気にかかっていることで、これが第一の困難ということです。

それからもうひとつは、福祉社会論ということになると、将来の社会のビジョンが語られ、あるいは規範論的な議論がなされることが多いということです。もちろん社会科学の研究者が社会構想について語ってはいけないということではないのですが、それがしばしばイデオロギッシュな議論につながったり、単なる願望の表明に終わったりするということに問題があるのではないか。重要なことは、武川さんが非常に有用なポイントをつかれていたと思うのですが、その福祉社会の概念を、規範的な概念としてだけを使うのではなくて、むしろ福祉国家の歴史を研究の対象にするのと同様に、福祉社会の歴史、あるいは福祉社会の構造や機能というものを分析の対象とすることであり、そういう概念として福祉社会の概念を使っていくことではないかと思うわけです。それから、先日の社会政策学会のシンポジウムで、ウェルフェアミックスの歴史を研究テーマとして取り上げるべきだという問題提起がありまして、それは重要なことだと思ったのですが、そういうことを福祉社会論でも行なっていくのが、ひとつの方向ではないかと思うわけで、そのときに、例えばイギリスのボランティア活動の歴史について研究したならば、われわれが指摘すべきことは、そのボランティア活動というものがある種の階級文化的な性格をもっていたというような点であって、イギリスでボランティア活動が盛んで、重要な役割を果たしているから、日本でもこれからそれを盛んにしなくてはいけないとか、ましてや義務づけなければいけないとか、そういうことを語るべきではないだろうと思うわけです。福祉社会論についてひとつの問題提起ということで発言させていただきました。

司会 はい、どうもありがとうございました。この部会、バスとの関係で時間通りにちゃんと終わらせろというお達しがきているのですけれども、最後にもう一人ぐらい、ご意見ございませんか？

河原晶子（志學館大学） 志學館大学の河原と申します。武川先生に質問します。国家の普遍的役割が何かということが問題提起されて、議論としては深まらなかったのですが、先生は、福祉国家は給付国家としての側面と、規制国家としての側面があるとおっしゃっておられます。先生は、国家の前提とする価値ということで、連帯あるいは承認という形に展開をされています。そして最後の部分で、二番目の承認のところは、いまだに残されている社会的マイノリティー、「歪められた承認」の問題を例示するという形で、整理されていますが、お聞きしていますと、その整理では、規制国家的側面の位置づけが、例外的な、または、残余的なものとして扱われている、という印象をどうしても受けます。福祉社会による社会サービスの供給が増えてくると、それらを規制したり調整したりする国家の規制機能の重要性は、高まらざるをえません。それで規制国家としての側面をもっと豊かに膨らませるということに、国家の普遍的役割を新しく見出す可能性というのはないのだろうかということについてお聞きしたいと思います。

司会　河原さんから、国家の普遍的な役割と給付国家的側面との関わりという点からのご質問がありました。それでは武川さん、この点について、お願いします。

武川　ご質問ありがとうございます。私の今日の報告の趣旨は、福祉国家には給付的な側面と規制的な側面があるが、従来、前者の方に関心が集中してきたために、後者の側面に関する議論が疎かになってきたのではないか、ということです。ですから、おっしゃられるように、規制国家としての福祉国家を何か二次的なものとか残余的なものとしてとらえるつもりはありません。むしろアイデンティティ・ポリティクスや承認の政治に関するような分野では、給付的な側面もまったく無関係というわけではありませんが、規制的な側面が重要な意味をもってくると考えます。ですから、この側面を、これまで以上にもっと重視すべきである、というのが私の理論的な立場です。また、そこから導かれる実践的な帰結としては、日本政府は、男女雇用機会均等や年齢差別禁止や障害者差別禁止などについて、もっと積極的に取り組むべきだと、ということになります。その意味では、河原さんの認識とあまり食い違っていないように思いますが、いかがでしょうか。

司会　ということで、いろいろ論点が出ましたけれども、この部会は、何か結論を導き出すというものではなく、問題の所在を明らかにするというのが主たる目的でありました。発表者からも、これからの課題、宿題にするという発言がありました。福祉に対する社会学的アプローチというのは、最近、活発になっていますので、皆さんにも、これを機会に、興味をもっていただければと思います。時間もありませんので、総括もなしに、これで終わりに致します。ありがとうございました。

第Ⅲ部　テーマセッション、その後

◆論文の概要

ここでは、テーマセッション終了後に執筆された三重野、下平、鍾論文を収録することにしたい。まず、三重野論文では、福祉国家と福祉社会の関係について概観した後に、福祉実現の主体をシステム論的に把握する必要性を指摘する。さらに、政策の分析枠組み、その最適化の考え方、共生と福祉社会の関係について言及する。それに対して、下平論文では、福祉国家における雇用レジームに焦点をあわせ、とりわけ脱工業化＝サービス化が雇用レジームの類型にどう影響を与えているか分析する。そのうえで、グローバル化による収斂圧力の前で、雇用レジームがいかなる方向に向かうか明らかにする。最後に、鍾論文では、日本の福祉システムにおける外国人の位置づけについて、検討する。具体的には、とりわけ、一九八〇年以降、外国人が制度的にいかに扱われてきたかを明らかにし、国民国家としての福祉国家の変容、その社会的文脈を示す。

（三重野　卓）

福祉社会のシステム論的基礎——共生と最適化の視点から

山梨大学　三重野　卓

1　福祉国家をめぐる問題意識

一九八〇年代前半、欧米諸国において財政危機の中で、福祉国家(Welfare State)の危機が叫ばれ、わが国においても、福祉政策の見直しがなされた。そして、その後、福祉国家に関する議論が停滞しているかのようにみえた。しかし、学問的には、諸外国において、その時代から計量的な国際比較の研究が活発化していた。

福祉国家とは、伝統的には、第一に、社会保障を中核にし、第二に、完全雇用を志向し、第三に、経済政策(有効需要の喚起)を行なうことによって、第四に、人びとの生活水準を保障する国家であり、その基礎に、社会権(生活権、生存権)といった権利の保障を置くものである、と規定することができる。そして、社会的価値としては、博愛、平等、公平、公正などを重視するものである。

福祉国家に関する議論においては、実際には、さまざまな系譜がある。それらは、以下の通りである[1]。①産業化、近代化による福祉国家発展の不可避性を指摘する普遍化的説明、②ケインズ主義の視点から福祉国家を把握するアプローチ(実際には、ケインズ主義の失墜、成長の限界問題)、③社会民主主義、ネオ・コーポラティズムの立場から福祉国家を把握するアプローチ、④福祉国家レジーム論(G・エスピン・アンデルセンに代表される福祉国家の類型論)、⑤福祉国家研究のジェンダー・アプローチ(男性中心の稼ぎ手モデルへの批判、女性に友好的な政策)などである。

このように、福祉国家研究の系譜は、さまざまな流れに拡散している。しかしながら、いずれも、福祉国家を否定するのではなく、そのゆらぎ、再編が大きな課題となっている。本稿では、こうした福祉国家についての議論を認識しつつ、システム論的に定式化することにしたい。

2　福祉国家と福祉社会

国家とは、①領土、②人口、③共同意識からなり、④権力、⑤法体系(公共当局のあり方)により正統化されているものである。こうした国家には、規制国家と給付国家の側面がある。実際の福祉国家は、西欧における国民国家の成立を前提としていたが、それは、人びとから公共的な問題について互いに議論し、協働するということを奪い、マイナスの意味のサービス供給国家をもたらす可能性がある。それゆえ、公共性(対話と共同、「場」の形成による確保)の議論が必要とされ、さらに、国家を相対化するという視点が登場するのである。そのひとつが、グローバリゼーション、国際化との関係であり、もうひとつが、福祉国家と福祉社会についての議論である。

まず、国際化についてみると、モノ、カネ、ヒト、情報の次元がある。例えば、情報化は、国家を外に対して開き、ボーダレス化を促進する。そして、情報化による連帯、統合の弱体化が問題になる。その一方で、高齢化は、高齢者の生活保障のため、国家を内に閉じ、それにより、国内の政策の優先順位が高くなることもあるかもしれない。ここにおいて、国家、システムの開閉のメカニズムが議論の対象となる。

現在、国際化の動向の中で、第一に、福祉世界への志向(南北格差への対処)をあげることができるが、それは国際的再配分に関わることである[2]。しかし、将来、日本のＯＤＡへの拠出の減少が不可避になろう。第二に、国際化により、安い製品が入ってくるため、雇用の不安定化、産業の空洞化が生起する。また、第三に、ＥＵに代表される新たな統合問題の中での相対化があり、具体的には、圏域内での権利の保障、グローバルな社会権の確立ということになるが[3]、その実効性には疑問符がついている。そして、男女平等処遇、最低所得勧告、労働者の自由な移動の保障などが論点になる。それに対して、わが国は、極東に位置し、他のアジア諸国との格差が現状では大きいため、その中での権利の確立にはより困難があろう。

相対化についての後者の立場は、福祉国家から福祉社会(Welfare Society)へという視点の中で、国家、公共当局を相対化するものであり、そこに、福祉社会という言葉が登場する。しかし、欧米諸国では、福祉社会という言葉は、あまり使用されていない。それに対して、わが国では、福祉社会は、かつての家族重視の日本的福祉社会論(一九七九年の「新経済社会七ヵ年計画」)を想起させ、それゆえ、福祉社会という言葉に拒否的反応をする人びともいる。しかし、家族機能の弱体化の中で、介護保険が導入され、現在、福祉社会概念の再検討がなされている。もっとも、家族の福祉機能がなくなることはありえず、実際、家族を含む人びとのサポートが、「生活の質」を高めるということは事実である。

いずれにせよ、国家に対する社会、社会システムを考えるために、まず、システムを、一般的に定義すると、第一に、何らかの要素の集合からなり、第二に、それらは、相互連関関係にあり、第三に、何らかの一般法則により規定され、第四に、ひとつのまとまりをなしているものである。第三の視点については、社会システムの場合、社会的価値、規範が問題になる。また、制御論的には、第一に、制御目標、目的志向の視点、第二に、フィードバックの視点が必要とされる。そして、そこにおける福祉目標、他の主体とのフィードバックが問題となるのである。システムとは、ひとつのものの見方であるとともに論理でもある。福祉社会、福祉国家について考える場合、この二つの視点が必要であろう。

3　福祉国家と主体の協働

福祉社会は、当然、さまざまな主体のシステムから成り立っており、そこにおける分業、協働のメカニズムが問われることになる。その主体として、公的部門、民間非営利部門(NPO、NGO)、民間営利部門、市場(労働市場を含む)、企業(企業福祉)をあげることができるし、家族、地域、親族、ボランティア部門などをあげることもできる。供給システムの多元化の中で、政策決定システムと供給システムの関係が問われることになる。また、中央政府と地方政府の関係(中央政府は、目標の優先順位、ガイドラインの設定や、サービスの査察、不服申し立ての確保など)の把握や、分権化と民営化(福祉国家の再編成)の視点もあろう。ただ、分権化では、財源問題の委譲までいかなくては、真の分権化にはならないが、その場合、地域格差が顕在化し、ナショナル・ミニマムが再び注目される。

ここで、丸尾直美の説をみると[(4)]、市場を中心とした経済システム、民主主義的な政治システム(公共当局)と、インフォーマルな狭義の社会システムという分け方、および、それらの連携、共生の視点が示されている。そして、経済システムは、人びとの選択の自由、効率性を基本原理とし、政治システムは、平等・公平・公正を基本原理とする。ただ、実際には、それらの原理の相互浸透こそが注目に値し、例えば、近年の行政評価、政策評価は、効率性と公平性の関係の把握を意図している。また、ここでの狭義の社会システムは、愛、贈与、社会統合などを基本とする。さらに、その他に、自然環境、共生、循環の視点も必要とされる。当然、これらのシステムの逆機能的関係にも着目し、その均衡と葛藤を明らかにすべきである。例えば、市場の自由の阻害とか、自然と経済的合理性の葛藤などをあげることができる。

いずれにせよ、福祉社会の協働について、システム論的に定式化する必要があり、システム統合が関心の的になる。また、制御論の立場からは、公共当局による制御のみではなく、それを相対化した社会による社会自体の制御という視点、すなわち、公的制御に対する社会制御も不可欠であろう。福祉レジーム論のエスピン・アンデルセンの議論は(5)、福祉国家、労働市場、家族の相互作用に焦点を合わせており、国家から分析スコープを広げている。

福祉国家と福祉社会の関係については、正村公宏(6)のように前者から後者へ移行すべきという立場がある。ただ、その場合、福祉国家は、福祉社会のひとつの要素であるとされているし、別の箇所で、日本は、擬似福祉国家的段階(ヨーロッパとアメリカの中間)にあるとされている。さらに、両者の協働に注目する立場もあり、その場合、市民社会の成立が前提とされている(7)。また、福祉社会の下支えにより福祉国家が成り立つという立場もあるし、福祉国家を前提とし、福祉社会が成り立つという立場もあり、さまざまである。

そうした議論の中で、人びとの自発性、参加を強調しているのは、正村公宏[8]、W・A・ロブソンであり、とりわけ、能動的参加を強調しているのは、社会民主主義者のG・ミュルダールである。具体的には、ロブソンは、「福祉社会は、中央政府、公共団体および営利企業の手に過度な権力が集中しないように注意しなければならない」とし、「集中が起きると、一般市民のこころに無力感や疎遠感を生み出し、市民は、効果的な影響をおよぼすことができないと感じ、公共事務の推移に無関心になってしまう[9]」としている。

さらに、当該社会自体の目標が、福祉志向になるという福祉社会の立場がある。しかし、ここでの問題は、福祉社会に実態から乖離した規範的な意味を担わせるという点にある。これは、産業社会概念との対比によるといえよう。もちろん、福祉社会では、供給システム、部門が多元化するという立場もある（ＯＥＣＤ）。また、福祉サービスの供給システムが国家ではなく、社会になるという考え方もある。いずれの立場を採るにせよ、福祉、「生活の質」実現を志向する主体の協働を把握し、それらを相対化する必要がある。

4　社会政策分析のための枠組み

福祉国家、福祉社会においては、社会政策、その計画化としての社会計画が策定される。もちろん、より詳しくは、公共的な活動は、例えば、政策、プログラム、事業のレベルに分けることができる。そのための政策分析の構成要素は、**図1**の通りである(10)。

第一に、福祉目標、政策目標(制御目標)のヒエラルヒー、およびそれに対応する福祉指標、政策指標、ないしは、インプットとアウトプット、アウトカム指標を設定する必要がある。現在の政策評価はニューパブリック・マネジメントという流れを意味し、経営学、行政学からなされているが、筆者の立場からすると、方法論的には特別目新しいものではなく、社会指標研究(例えば、行政成果指標と行政活動指標)との関連性が注目される。第二の要素は、政策手段の体系であり、実際には、システムの改変、制度、社会的規制、補助金、診療報酬、社会的サービス、社会的資源などがあり、民間部門の行動の方向性をも示す。

第三は、個人および社会のニーズ(社会的必要性)との関係であり、ニーズのヒエラルヒー(例、生活基礎的、生活環境的、生活高度化)の視点が望まれる。どのニーズに焦点を合わせるかは、主体、およびその状況に依存する。第四は、社会的価値と政策の評価基準であり、具体的には、平等・公平・公正と効率性、普遍性と選別性、社会権・生存権・生活権(ミニマム水準)などの視点があるが、それ

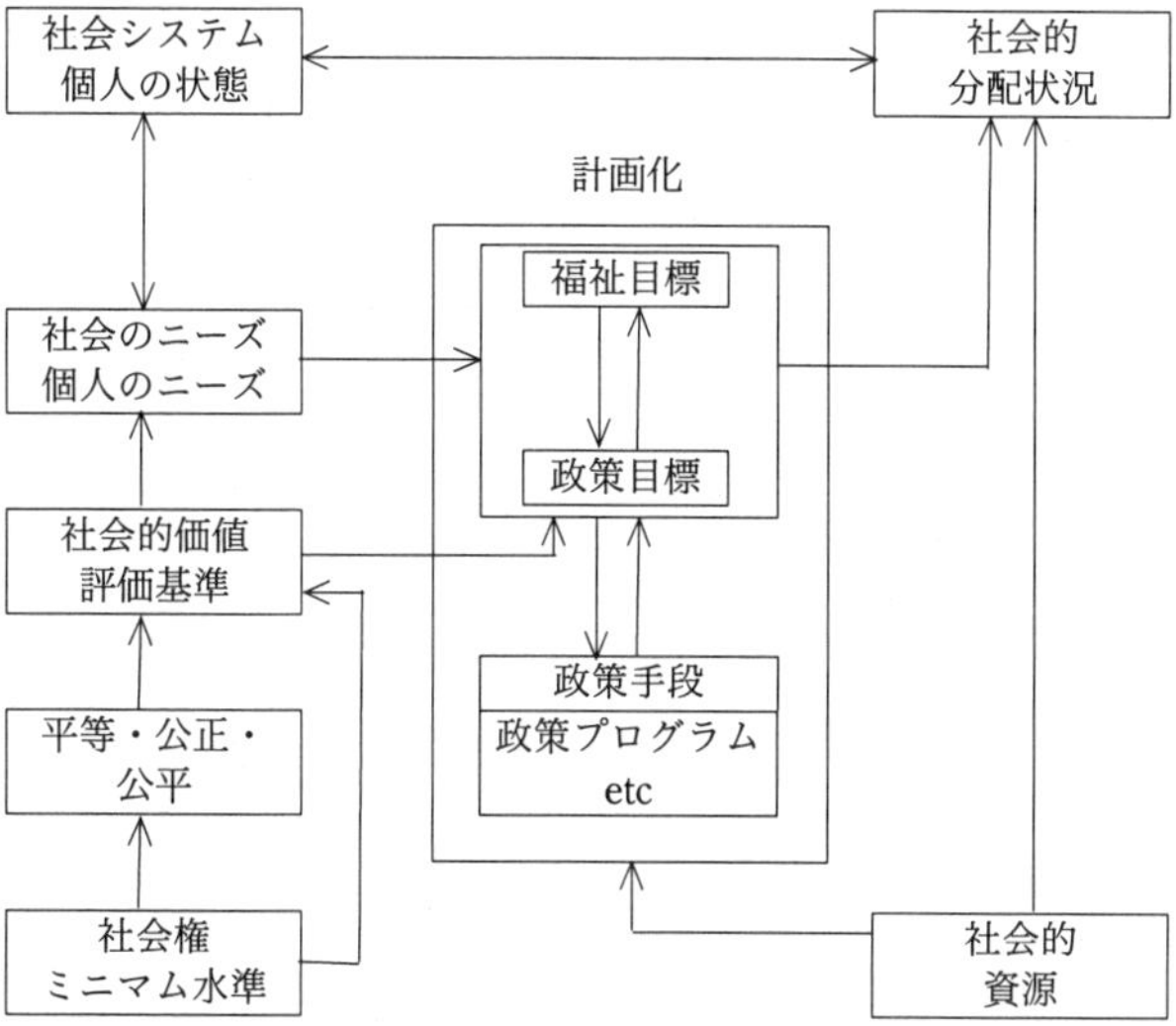

図1　政策分析の枠組み

らの概念のコンセンサスは容易ではない。平等という場合、結果の平等か、機会の平等かという問題がある。公平、公正では、貢献原則か、ミニマム部分の平等かということもある。また、例えば、普遍性では、国民に同様のニーズがあると仮定するが、そこでは、費用負担(応能原則と応益原則、必要原則、貢献原則、能力原則など)が顕在化する。それに対して、選別性は、ミーンズ・テストをともなう。しかし、普遍性と選別性という二項対立には異論もあろう。さらに、接近性、快適性などの基準も指摘することができる。

第五に、以上の点を踏まえた、社会的分配状況をめぐる政策分析の枠組みがあり、第六に、そうした「福祉」のための政策システムこそが必要とされる。実際、公共部門の中に、政策システムが内蔵されており、それが、福祉目標、政策手段、主体を通して、他の部門と関連している。そこでは、政策間の連携・統合問題、調整・整合化問題が登場し、具体的には、目標間の調整、手段間の調整、主体・部門間の調整が期待される。もちろん、実際には、例えば、医療・福祉・保健の連携・統合の場合、それぞれの実施主体が異なるから、調整が難しいのはいうまでもない。そのためも、第七に、そうした政策が生活圏においてシステムをなすということになり、「場」の考え方、主体の考え方が不可欠になろう。

5　福祉社会と最適化

福祉社会の最適化はいかなるものかということは、大きな困難を喚起する。例えば、パレート最適、J・ロールズの格差原理などをあげることができる。また、最適化とは、本来、何らかの制約条件のもとで、目標函数を最大化することを意味する。さらに、効率性とは、効果を前提とし、費用対効果を最大化することを意味する。しかし、真の最適化は困難であり、厳密に費用効果分析を行なっても、対象地域が全国的にみて低水準だったら、その地域における最適化にしか過ぎない。また、ある政策領域における最適化であっても、他領域との関係性が検討の対象になる。結局は、部分的最適化の試行錯誤により、全体の「望ましさ」を志向することになろう。

ここでは、最適化の緩やかな使用方法を採ることにしたい。例として、エスピン・アンデルセンの議論[11]、すなわち、何を最適化するかという点を参考にしつつ、まとめると以下の通りになる。

第一に、公共当局における平等・公平を踏まえた自由・効率性の政策が望まれる。そのためには、エスピン・アンデルセンが述べている通り、課税基盤の確保が必要であり、出生率回復のための政策（保育政策、雇用政策など）、有職者（女性と高齢者）の増加が期待される。また、給付行政のみではなく、規制行政の見直しや、新たな意味づけがなされ、各種差別禁止条項[12]の制度化（例えば、男女差別、人種差別、年齢差別の禁止など）が不可欠になる。現在、規制緩和といわれるのは経済的側面である。また、正村公宏は[13]、社会保障の目的は、再配分ではなく、必要が生じた場合、必ず適切な社会的支援が得られると国民が確信している状況としている。

第二に、経済システムにおけるサービス経済化、つまり、市場重視の視点があるが、実際の福祉サービスではそうした試みが可能か、という疑問がある。公的部門、NPOを含む各主体が競争し、効率性と「質」を確保するということも必要であろう。また、民間のサービスを公共当局が買い上げ、供給するということもあろう。他方、労働市場は、脱工業化の中で、弾力性（フレキシビリティ）を求めているが、そこにおいて、平等化と完全雇用の両立は難しくなっている。

第三に、インフォーマル、かつベーシックなシステムとしての家族についてみると、その最後に残された機能は、パーソナリティの安定であるとしても、共稼ぎモデルを推進し、貧困の回避をする必要がある。家族の福祉を最適化するためには、エスピン・アンデルセンのいう通り、貧困が長期化しないための社会的保護と、家族自身の技術の習得、労働市場の活性化が不可欠である。

第四に、民間非営利部門、ボランティアの育成があり、例えば、税の控除などがあろう。また、ボランティア養成への公的補助も可能かもしれない。さらに、第五に、サービスの「場」としての地域システムにおける政策、サービスのネットワーク化、連携、統合が有効に作用する必要がある。最適化とは、福祉、「生活の質」の実現、自由と公正の確保を意味する。

今後の課題としては、こうした各システムの機能連関について、詳細な図式を作成し、それを踏まえた漸次的社会工学(piecemeal social engineering)を志向することが望ましい。また、成熟化においては、工業化の成熟、脱工業化、成長の限界による分配問題の顕在化、社会システム・構造・制度の成熟化(資本主義の成熟化、高齢化)、パーソナリティの成熟化(実際には、退廃も)、価値の成熟化(価値の多様化か溶解か)、欲求の成熟化(その一方で快楽原理)などがある。そして、産業社会の成熟化の中で、市民社会の成熟化が可能かが問題になる。定常状態の中で、現在の制度を前提とするなら、ある程度の成長が必要(持続可能な成長)であるか、そうではなく緩やかなダウンサイジングか、ということも問われるのである。また、例えば、経済状態の定常化といっても、人口が減少していけば、ひとり当たりＧＤＰは増大するし、人口が定常化するとしても、内部の構成が変わるのはいうまでもない。

6　福祉社会と共生

「福祉」から「生活の質」へと視野を広げると、そこには、福祉社会から共生社会へという問題意識がある。ここで、福祉については、「望ましさ」の観点とともに政策概念(福祉政策、社会福祉など)を指摘することができる。また、「生活の質」は、経済成長の逆機能の顕在化、その後の脱工業化、成熟化の状況と関連する。

包括的な「生活の質」を概念化すると、以下の要素が考えられる。

第一の要素は、生命有機体としての「生活者」の状態、「質」であり、人びとの意識、行為、生命と関係する。第二は、個人をめぐる環境の「質」であり、関係性、人的環境、施設・財、自然、生態系、エネルギー、情報などと関係する。そこに、生活経験、生活史、生活様式が関わることになり、どこに焦点を合わせるかにより、多様な「生活の質」へのアプローチが可能になる。ここでは、「生活の質」の詳しい議論は省くが、社会指標や国民総生産の修正という社会学的、経済学的な系譜から、最近、医療、福祉、看護学、社会老年学などへ議論の焦点が移っている。

また、共生では、まず、人間間の共生に焦点を合わせ、そこから分析の範囲を広げることにする。一般的には、次の通りに定義される(14)。すなわち、共生とは、異質なもの、多様なものが、それぞれの差異にもかかわらず、共に在り、生きることを表している。そして、共生では、他者を受容し、ときには、葛藤し、協働することを意味する。共生論については、社会科学的には、各人が敵対関係ではなく、対等の関係にある共存の視点がある。

共生において、他者により各自の欲求、「生活の質」が抑制されてはならないが、自ら抑制することは可能であり、自立性と共同性、多様な価値を前提とするコミュニケーション、対話、相互了解、そして、人びとの連帯、統合のための共感が不可欠になる。現在の脱工業化、サービス経済化の動向の中で、共生原理のあり方、異質性、多様性の混在、そして社会システムの開放性が問われることになる。

「生活の質」と共生は、第一に、人間の関係性、第二に、欲求充足、そして「生」をどう把握するか、という点で関連する。そこでは、「生」における活性化の側面と受動性という側面を指摘することができる。共生とは、人びとの価値志向であるが、それとともに生活様式、文化でもある。さらに、協働するという意味である種のプロセスの結果でもある。実際には、人間同士の共生(男性と女性の共生、障害者と健常者の共生、外国人との共生など)があり、その他に、人間とシステムの共生、システム間(組織、集団、ネットワーク、系など)の共生(企業から国家、世界、さらに市場システム、政治システム、インフォーマルな社会システム)、自然との共生(生物同士、循環系)、地域間、地域内共生などがある。

共生システムは、人間に焦点を合わせると、以下の通り定義される(15)。第一に、異質性、多様性を踏まえた、第二に、対話、コミュニケーションによる相互作用の視点が必要となり、さらに、第三に、関係性における自由度、許容性、第四に、新たな体系、目標を創造する協働システムが望まれる。こうした考え方は、目標志向、フィードバックのメカニズムという点から、システムの性質を備えている。そして、この意味からの社会統合(個人、集団などを社会に統合、システムの安定化を志向)とともに、その前提としてのシステム統合(機能的連関、整合化)[16]が不可欠になる。実際の社会システムは重層化しており、さらに、環境としての自然環境、人と環境との相互作用の視点も必要とされる。

共生は、第一義的には、自生的秩序(住民運動などの価値創出運動を含む)であるが、政策、計画化、社会計画により確保される側面もある。分散的で、かつ開かれたシステム、その意思決定という現代的状況の中で、個人の規範、価値、ルール、コード、価値が「引き込み」現象をもたらし、そして自由度を持ちながら、社会的価値、ルール、コード(前述の規制国家の側面、差別禁止項目の制度化)、共生の空間、システムを構成するとも考えられる。ルールの例として、男性と女性のルール、障害者と健常者のルール、高齢者と若者のルール、企業と地域社会のルール、国家のルール、民族性のルールなどがある。

以上のような個人間の共生からシステムの創造、システム間の共生問題、さらに、共生の「場」としての地域の視点が必要とされる。福祉国家、福祉社会では、国民国家における国民という同質性の中での権利の保障が重視されるのに対して、共生社会では、差異、相違、異質性への権利（例えば外国人）が注目される。こう考えると、福祉国家、福祉社会も、共生の観点から再検討されるべきである。さらに、自然との共生(17)としての共生社会、循環系（リサイクルのような小さい循環系から自然界の大きな循環系）の中に「生活の質」、「望ましさ」の観点、福祉社会、福祉国家を相対化することになる。実際、福祉社会を考える場合、自由度、許容性、フレキシビリティをもった最適性と共生の視点が不可欠になろう。

注

（1）三重野卓、平岡公一編『福祉政策の理論と実際』東信堂、二〇〇〇、の第八章。
（2）G. Myrdal., *Beyond the Welfare State*, Uale University Press, 1960. 北川一雄監訳『福祉国家を越えて』ダイヤモンド社、一九七〇、など。
（3）EUについての包括的議論は、国立社会保障・人口問題研究所の『海外社会保障研究』第一二八号、二〇〇〇、が参考になる。
（4）丸尾直美『総合政策論』有斐閣、一九九三、第一五章。ただ、例えば、介護サービスの場合、純粋な市場は成り立ちにくく、公的費用を導入した擬似社会的市場になる。
（5）G. Esping–Andersen, *Social Foundations of Postindustrial Economies*, Oxford University Press, 1999. 渡辺雅男ほか訳『ポスト工業経済の社会的基礎―市場・福祉国家・家族の政治経済学』桜井書店、二〇〇〇。
（6）正村公宏『福祉国家から福祉社会へ』筑摩書房、二〇〇〇、および、正村公宏『福祉社会論』創文社、一九八九。

(7) 武川正吾「福祉国家と福祉社会の協働―連帯と承認をめぐる弁証法」『社会政策研究』創刊号、東信堂、二〇〇〇。

(8) 前掲、正村(二〇〇〇)、G. Myrdal (1960) を参照のこと。

(9) W. A. Robson, *Welfare State and Welfare Society*, George Allen & Unwin Ltd, 1960. 辻清明、星野信也訳『福祉国家と福祉社会』東京大学出版会、一九八〇、の Chap. 9.

(10) この図式は、前掲三重野、平岡編(二〇〇〇)の第一章、三重野論文を参照。

(11) 前掲 G. Esping– Andersen (1999) の Chap. 9.

(12) 前掲武川(二〇〇〇)を参照のこと。

(13) 前掲正村(二〇〇〇)の「まえがき」を参照のこと。

(14) 共生については、三重野卓『「生活の質」と共生』白桃書房、二〇〇〇、を参照。

(15) ここでは、谷本寛治の議論を拡張している。例えば、谷本寛治『企業社会システム論』千倉書房、一九九三、の第九章。

(16) 松井二郎『社会福祉理論の再検討』ミネルヴァ書房、一九九二、の第三章。

(17) 広井良典「社会保障政策と環境政策の統合」『社会政策研究』創刊号、東信堂、二〇〇〇、では、環境税の構想が示されている。

グローバル化と「雇用レジーム」

明星大学　下平　好博

1　はじめに

小泉政権が先頃発表した「骨太の改革」案は、表向きにはバブル崩壊後に山積した不良債権の早急な処理をうたっているが、その真意は、グローバル化の中で急速に国際競争力を失いつつあるわが国の産業構造を建て直すことにあるといってよい。すなわち、バブル崩壊後、日本を襲った空前の円高の中で、世界的な競争力を誇る日本の製造業は次々とその生産拠点を海外に移し、文字通り「産業の空洞化」が進んだ。他方、国内に取り残された産業といえば、競争力において大きく立ち遅れる建設業や、流通業をはじめとするサービス産業であり、しかも国民の四分の三がこれらの産業に頼って生計を立てているという現実がある。

一方、海外に目を転じれば、時間のズレはあれ、同じような変化がアメリカでもヨーロッパでも起きている。欧米諸国では、グローバル化を契機にした産業構造の再編はすでに一九八〇年代から始まっていたとみることができるが、それはこれらの国々の製造業における国際競争力が相対的に弱く、したがって、脱工業化＝サービス化へのプロセスがわが国に比べ、いち早く始まったことが深く関係している。

だが、欧米諸国が辿った脱工業化＝サービス化への道は決して一様ではなく、この点で「欧米諸国」を一括りにすることはできない。例えば、民間主導でサービス化を進めた「アングロサクソン諸国」、公共部門での社会サービスを中心に、サービス化を進めた「北欧諸国」、さらに、セルフサービス化という道を辿り、その結果、大量の失業者を抱えることになった「ヨーロッパ大陸諸国」というように、それぞれのサービス化プロセスには大きな違いがあり、この多様性が現代福祉資本主義の多様性をもたらしているとみることができる。

本稿の目的は、以上のような異なる「雇用レジーム」がどのような背景から生まれ、またそれぞれの「雇用レジーム」がいま、グローバル化の波を受けていかに変容しつつあるのかを明らかにすることにある。

以下では、まず、①労働市場を取り巻く、社会保障、教育、家族、労使関係といった「諸制度」の違いから、さまざまなタイプの「雇用レジーム」があることを示したうえで、②このような「雇用レジーム」の類型がいかにして誕生したのか、その背景を探る。ここでは特に、脱工業化＝サービス化のプロセスの違いがそのようなタイプの異なる「雇用レジーム」を生み出した究極の原因であることを示し、また、サービス化プロセスの違いによって、それぞれの「雇用レジーム」には異なる社会対立が組み込まれることになったことを明らかにする。③そして、ますます強まるグローバル化による収斂圧力の前で、これらの「雇用レジーム」がいま、いかなる方向へ変化しつつあるのかを示すこととしたい。

2　三つの「雇用レジーム」

エスピン・アンデルセンの「福祉レジーム」論への批判

福祉国家研究者として著名なG・エスピン・アンデルセンは、その代表作、『福祉資本主義の三つの世界』の中で、先進工業国の福祉国家を次のような三つのタイプに類型化している(1)。すなわち、ひとつは「自由主義モデル」であり、二つ目は「コーポラティスト・モデル」であり、三つ目は「社会民主主義モデル」である。これらの三つのモデルが、冒頭で述べた「アングロサクソン・モデル」、「ヨーロッパ大陸モデル」、「北欧モデル」にそれぞれ対応していることはいうまでもない。

ところで、福祉国家をこのように類型化するうえで、エスピン・アンデルセンは、①社会保障給付（年金・傷病・失業給付）の所得振替率・支給期間・受給資格要件から測った「脱商品化指標」並びに、②社会保障制度（年金・医療・社会扶助）に埋め込まれた「社会階層性」を測る、いわゆる「階層化指標」の二つを基準にしている。

ここでいう「脱商品化指標」とは、労働者が労働市場において、さまざまな社会的リスク（例えば、老齢・病気・失業）に直面した場合に、自らの労働力を商品として売らなくても生活していける状態の程度を示す指標であり、社会保障給付が従前賃金のより多くを長期にわたって保障し、かつそれらの給付が容易に受給できればできるほど、この指標は高まるといえる。

また、「階層化指標」とは、職業的階層構造が社会保障制度にどの程度反映されているのか、あるいはまた、社会保障制度が社会階層別にどの程度選別的であるのかをみる指標であり、具体的に、前者は「職域別に分立した年金制度の数」「GDP対比の公務員年金支出」から、また後者は「公的社会支出に占めるミーンズ・テストつきの社会扶助支出の割合」「公私合わせた年金支出に占める民間年金支出の割合」「公私合わせた医療支出に占める民間医療支出の割合」から、それぞれ測ることができる、とされている。

エスピン・アンデルセンは、これらの二つの基準から福祉国家を上述の三類型に分けるのだが、いま彼の考えにしたがって、それらの三類型の位置を示せば、**図1**のようになろう。すなわち、①

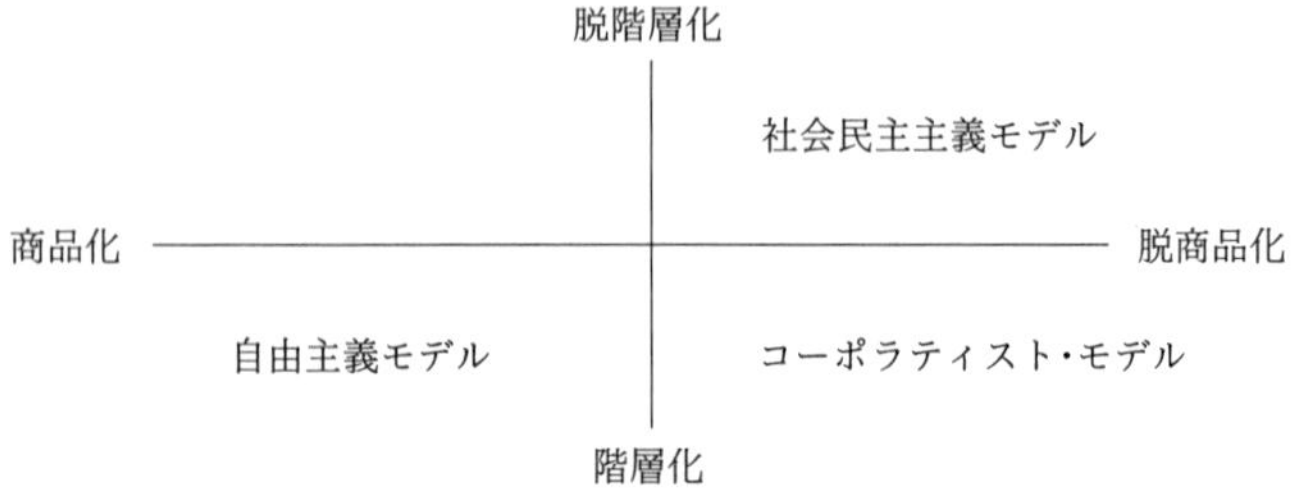

図１　脱商品化・階層化と「福祉レジーム」

「自由主義モデル」は、「脱商品化指標」が低く、逆に「階層化指標」が高いことに特徴があり、②また「コーポラティスト・モデル」は、「階層化指標」が高い点で「自由主義モデル」と同じだが、その反面、「脱商品化指標」が高いことに特徴があり、③さらに、「社会民主主義モデル」は、「階層化指標」が低く、かつ「脱商品化指標」が高いことに特徴がある、といえる。

しかし、彼が『福祉資本主義の三つの世界』の中で示したデータを実際に使って、追試してみると、単純にそのように断定することができないことが分かる。**表1**は、それらのデータを基準化したうえで、主成分分析にかけた結果であるが、「年金給付と疾病給付それぞれの脱商品化指標」と、「ミーンズ・テストつき社会扶助の支出割合」「民間年金支出の割合」「民間医療支出の割合」との間には互いに強い負の相関関係があり、それらは独自に第一成分を作っている。また、第二成分は、「職域別の年金制度の数」と「GDP対比の公務員年金支出」によって構成され、職業的階層構造が社会保障制度にどの程度反映されているのかを示す成分といえ

表1　主成分分析(Ⅰ)

	成分		
	1	2	3
Z得点 年金の脱商品化度	-.750	.244	.276
Z得点 疾病給付の脱商品化度	-.760	.169	.470
Z得点 失業保険の脱商品化度	-8.903 E-02	-8.725 E-02	.961
Z得点 職域別年金の数	3.657 E-02	.852	-7.295 E-02
Z得点 公務員年金支出	-6.605 E-02	.893	6.959 E-02
Z得点 ミーンズテストつき給付	.893	6.275 E-02	.241
Z得点 民間年金の割合	.597	-.653	.126
Z得点 民間医療支出割合	.814	2.803 E-02	-.122

注：因子抽出法；主成分分析
　　回転法；Kaiserの正規化を伴うバリマックス法
出典：以上のデータはすべてG. Esping-Andersen(1990), *The Three Worlds of Welfare Capitalism*, (Policy Press)より。

る。さらに、「失業保険の脱商品化指標」は単独で第三成分を構成する。
　また、これらの三成分に対する各国の成分得点をデータに、クラスター分析を実施すると、**図2**に示したようなデンドログラムを描くことができるが、ここでの結果をみる限り、エスピン・アンデルセンが示したような、「自由主義モデル」(「アングロサクソン諸国」)「コーポラティスト・モデル」(「ヨーロッパ大陸諸国」)「社会民主主義モデル」(「北欧諸国」)という三つの「福祉レジーム」を見出すことはできない。したがって、「脱商品化指標」と「階層化指標」の二つから、先進工業国を上記の三つのモ

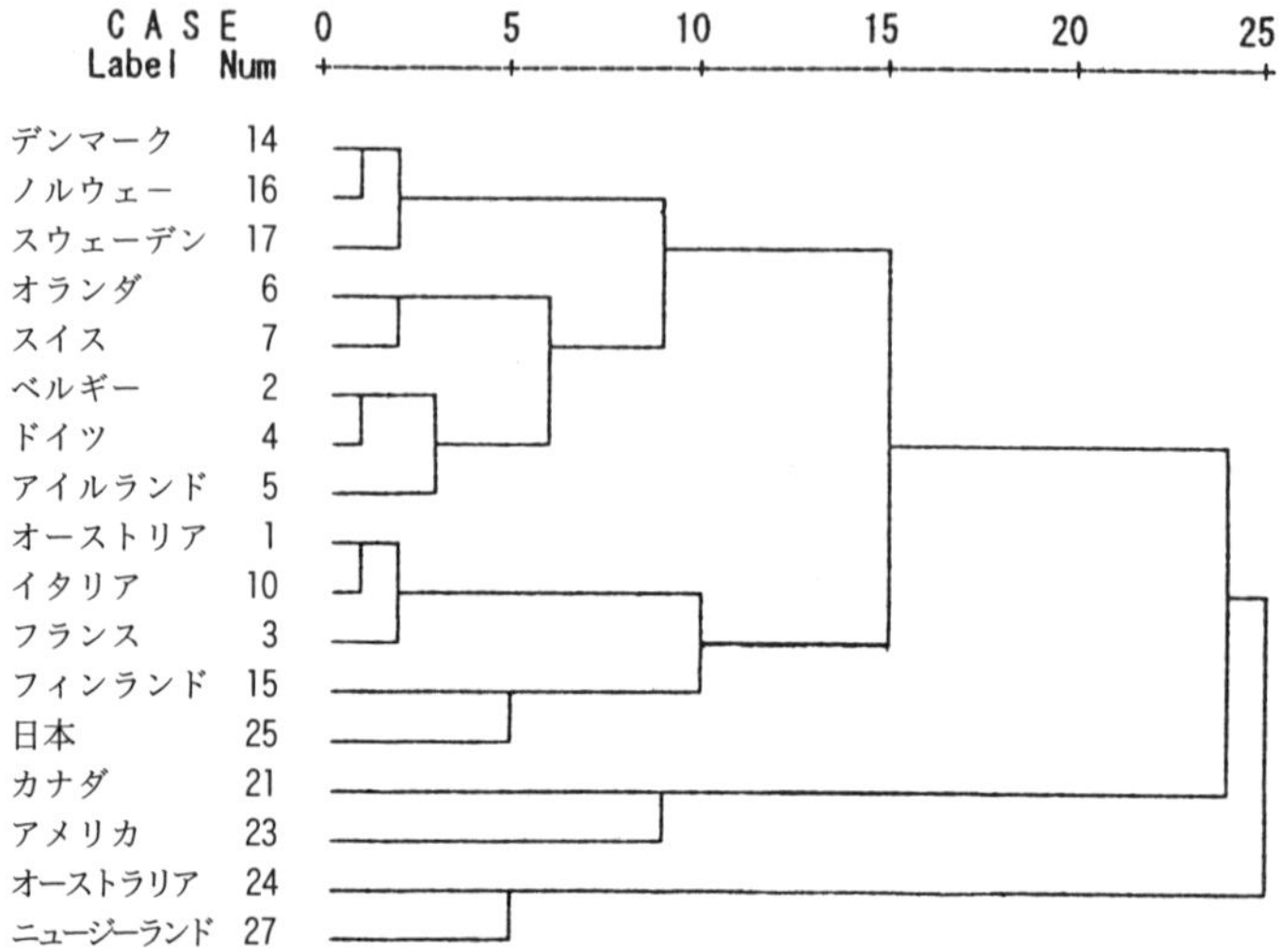

図2　クラスター分析(I)

デルに分類できるという主張は、少なくとも統計学的には根拠に乏しいといえよう。

「雇用レジーム」への注目

ここで注目しなければならないのはむしろ、エスピン・アンデルセンが前掲書第二部の主題としている「雇用構造」である。すなわち、先進工業国の労働市場は、新古典派経済理論が想定するように、市場原理だけで機能しているわけではなく、それを取り巻く「諸制度」によっても強い影響を受けている。

ここでいう「諸制度」とは、社会保障・教育・家族・労使関係といった制度を意味するが、例えば、社会保障制度は今日、次の三つの「窓」を通して労働市場に強い影響力を及ぼしている。ひとつは、労働市場の「入口」において、各種の社会保障給付がこれから働き始めようとする労働者の留保賃金に影響を与えることである。二つ目は、これとは逆に、労働市場の「出口」において、同じく各種の社会保障給付を早期受給できるかどうかによって、労働者の退職行動に違いが現れるという点である。

さらに今日、「使用者としての福祉国家」は、労働市場の規模とその構造に大きな影響を及ぼしている。すなわち、高齢化の進行とともに、いずれの先進国も医療や福祉の分野で社会サービスを整備する必要があるが、もしそれらの社会サービスを政府が独占的に供給する場合、社会サービスへの需要は大きいために、政府は労働市場において最大の雇主となる。また、社会サービスの分野で働く労働者の多くが女性であることから、もし政府がその雇主となれば、働く女性にとって良好な雇用機会が保障される点も見逃せない。

一方、社会保障制度と並んで、教育制度が労働市場の機能に与える影響も大きい。高等教育の大衆化を進め、労働市場に多くの高学歴者を送り出している国もあれば、逆に、エリート主義的な選別教育の伝統を今なお残している国もある。そして、この違いは、知価社会が到来している今日、求職者に求められる教育水準が高まっているために、失業問題にも影響を及ぼす。また、深刻な不況に直面した場合、高等教育の大衆化が進んでいる国では、高等教育機関が若年層を吸収し、その供給を抑えることができるのに対し、そうでない国では、若年労働者の供給を抑えることができず、問題が表面化しやすいという違いもある。

さらに、グローバル化は、企業を無国籍化させることで、ナショナルな産業への投資を無効にする一方、逆に、国民一人一人への人的資本投資の価値を高めたといわれているが、企業に従業員への継続教育を行う意思がなく、またその能力に欠ける場合、それに代わって教育制度がその役割を果たす必要がある。したがって、教育制度にそのような機能を兼ね備えた国とそうでない国との差は、今後一国の国際競争力にも大きな差を生むと考えられる。

次に、家族は、労働市場に労働力を提供し、その対価として受け取った賃金をもとに、消費市場から財・サービスを購入することで経済と深く結びついている。労働市場との関係に限っていえば、決定的に重要なのは、「夫婦役割分担型家族」と「夫婦職業自立型家族」との違いである。世界的に女性の職場進出が進む中で、前者の家族形態から後者の家族形態への移行がいずれの国でも進んでいるが、それでも個々の国をみると、伝統的な家族規範の違いを反映して、依然としてその差は大きい。そして、この違いは、「完全雇用」を政策目標としてあげる国にとって、その対象範囲にも大きな差をもたらすことになる。

最後に、労使関係制度は、個別的な労使関係並びに集団的な労使関係のいずれを通じても、労働市場に計り知れない影響力を及ぼしている。個別的な労使関係でいえば、労働法を通じて、正規及び非正規双方の従業員に対する雇用保障ルールがどの程度確立されているかが重要となろうし、また、集団的な労使関係からみれば、組織率、団体協約の適用率、労使関係の集権度、労使関係の協調度といった違いが労働市場の機能に大きな差をもたらすことになろう。

「雇用レジーム」の類型化

ここでは、以上のような分析視角に基づいて、「雇用レジーム」の類型化を行うこととする。なお、類型化にあたって使用したデータは、次の通りである。

まず、労働市場の「入口」において、求職者の留保賃金を決定する社会的賃金の大きさを測るために、夫婦と二人の子供からなる標準世帯に失業後最初の一ヶ月間支給される「失業給付、家族手当、住宅手当を合わせた額の純所得振替率」を使う。この指標はいわば、エスピン・アンデルセンがいう「脱商品化指標」に相当するといえよう。また、労働市場の「出口」における早期退職機会をみるためには、公的年金や企業年金の早期受給ができるかどうかを確かめる必要があるが、対象となったすべての国についてそれを調べる適切なデータがないため、ここでは「男子五五―六四歳の労働力率」を代理指標として使うことにした。さらに、「使用者としての福祉国家」の大きさをみるために、ここでは「一五―六四歳人口対比の政府雇用比率」を使っている。

一方、教育制度については、高等教育の大衆化がどの程度進んでいるのかをみることが重要であるが、一部の国では継続教育の普及とともに、「進学率」という概念それ自体が意味を失っているため、ＯＥＣＤが公表している「ＧＤＰ対比の積極的労働市場政策支出」を使い、継続教育の普及度をみることとした。

また、家族と労働市場との関連をめぐって、「夫婦役割分担型家族」が主流であるか、あるいは、「夫婦職業自立型家族」が主流であるかの違いが重要となるが、「一五—六四歳の女子労働力率」を調べることでそれは明らかとなろう。さらに、女性の職場進出が進んだ国では、働く女性が職場責任と家庭責任とを両立させていくために、家族政策の整備が不可欠であるが、ここでは「脱家族化指標」を作成し、その点を調べている。

そして最後に、労使関係制度については、個別的労使関係における雇用保障ルールの強さをみるために、OECDが公表している「雇用保障法の厳格性」を、また、集団的労使関係については、①組織率、②団体協約の適用率、③労使関係の集権度、④労使関係の協調度の各指標をそれぞれ選択的に使うこととした。

なお、これらのデータはすべて一九九六年を基準年とし、当該年次のデータが入手できない場合に限って、その前後のデータを使用している。また、分析対象となった国はOECDに加盟する先進一七ヶ国である。

いま、以上の変数を基準化し、変数を要約するために、主成分分析にかけると、**表2**に示したような結果が得られる。表2は、いくつかの変数の組み合わせの中から理論的に意味のある結果を示したものであるが、ここから明らかなことは次のことである。

表２　主成分分析（Ⅱ）

	成分	
	1	2
Ｚ得点 雇用保障法の厳格性	8.238 E -02	.752
Ｚ得点 脱商品化指標	.747	-4.267 E -03
Ｚ得点 使用者としての福祉国家	.885	-2.471 E -02
Ｚ得点 早期退職機会	6.619 E -02	-.831
Ｚ得点 脱家族化指標	.729	.581
Ｚ得点 ＧＤＰ対比の積極的労働市場政策支出	.786	.411
Ｚ得点 団体協約適用率	.417	.843

注：因子抽出法；主成分分析
　　回転法；Kaiser の正規化を伴うバリマックス法

出典：

①失業後最初の1ヶ月間に標準世帯（夫婦＋2人の子）に支給される「失業給付、家族手当、住宅手当を合わせた額の純所得振替率」（1990年代後半）	OECD（1998）,*Benefit Systems and Work Incentives*, Table3－1. p.30
②「男子55-64歳の労働力率」（1996）	OECD（1997）,*Employment Outlook 1997*, Table C, pp.169－172
③「15-64歳人口対比の政府雇用人口比率」（1996）	F.Scharpf & V.I.Schmidt（eds.）（2000）*Welfare and Work in the Open Economy: From Vulnerability to Competitiveness*（Oxford University Press）, Table A－6, p.343
④「GDP 対比でみた積極的労働市場政府予算の規模」	OECD（1997）, *Employment Outlook1997*, Table K, pp.183－190
⑤「15-64歳の女子労働力率」	OECD（1997）, *Employment Outlook 1997*, Table B, p.165
⑥「脱家族化指標」（1990年前後）	A.Siaroff（1994）,“Work, Welfare and Gender Equality: A New Typology”, in D.Sainsbury（ed.）, *Gendering Welfare States*,（Sage Publications）pp.82－100, Table 6－5, p.92 に掲載された資料の一部を修正して作成。
⑦「労組組織率」（1994）	⑦～⑩はすべて
⑧「労使関係の集権度」（1994）	OECD（1997）, *Employment Outlook 1997*, Table 3－3, p.71
⑨「団体協約の適用範囲」（1994）	
⑩「労使関係の協調度」（1994）	
⑪「雇用保障法の厳格性」（1990年代後半）	OECD（1999）, *Employment Outlook 1999*, Table 2－5, p.66

まず、以上の変数は二つの成分に要約できる。そして、第一の成分は、「失業給付等の所得振替率」「使用者としての福祉国家」「脱家族化指標」「GDP対比の積極的労働市場政策支出」の四変数によって構成され、それは「福祉国家の成熟度」を示す指標とみることができる。また、第二成分は、「雇用保障法の厳格性」「早期退職機会」「団体協約の適用率」の三変数からなっている。一見すると、これらの変数間には関連性がないようにみえるが、労使協約がより多くの労働者に適用されると、職場において厳格な雇用保障ルールが確立され、また厳格な雇用保障ルールのもとでは、新旧の労働力を入れ換えることが難しくなるため、それを促すために早期退職の機会が用意されると理解すれば、これらの変数がひとつの成分に要約されることになんら不思議はない。したがって、第二成分は、「労働市場への規制」の強さを測る指標とみることができよう。

次に、これらの二つの成分に対する各国の成分得点をデータにして、クラスター分析を行った結果が**図3**である。図3からわれわれは、①イギリス、ニュージーランド、カナダ、オーストラリア、アメリカ、日本、スイスからなる第一のグループ、②ドイツ、オランダ、オーストリア、ベルギー、フランス、フィンランド、イタリアからなる第二のグループ、③デンマーク、ノルウェー、スウェーデンからなる第三のグループがそれぞれあることが読み取れる。すなわち、第一群は、日本とスイスを除くとすべて「アングロサクソン諸国」からなり、また第二群は、フィンランドを除いてすべて「ヨーロッパ大陸諸国」からなっている。そしてさらに、デンマーク、ノルウェー、スウェーデンか

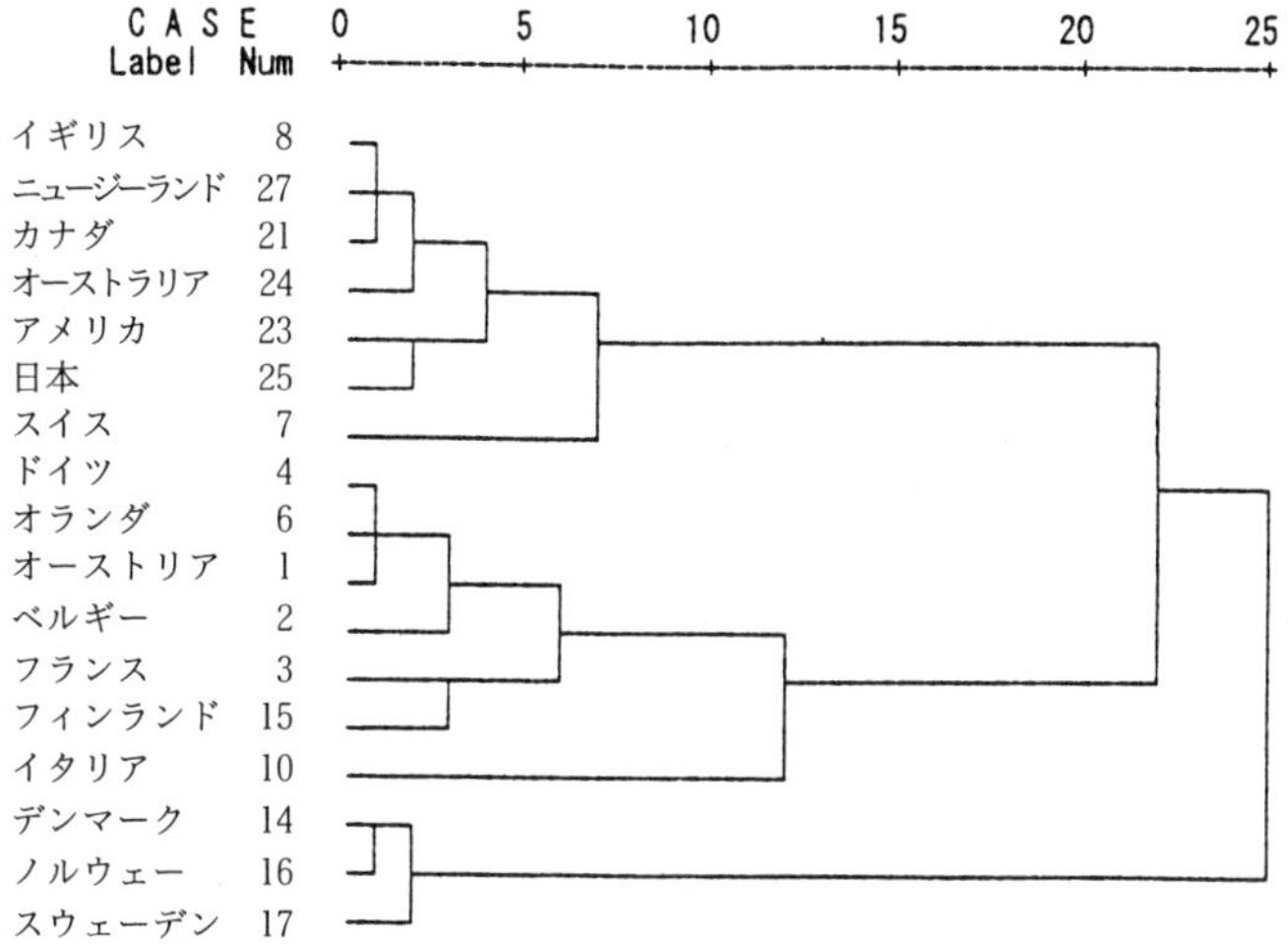

図3　クラスター分析（Ⅱ）

らなる第三群は、文字通り「北欧諸国」である。

では、これらの三つの「雇用レジーム」にはどのような特徴があるのだろうか？

先の主成分分析から得られた各国の成分得点をプロットしてみると、**図4**に示した結果が得られる。すなわち、「北欧諸国」は、「福祉国家の成熟度」において際立っているが、「労働市場への規制」という点では、「アングロサクソン諸国」と「ヨーロッパ大陸諸国」との中間に位置している。また、「ヨーロッパ大陸諸国」は、「労働市場への規制」が強いことに特徴があるが、「福祉国家の成熟度」という点では、最低のイタリアから最高のフランスまで一定の幅がある。そして最後に、「アングロサクソン諸国」の特

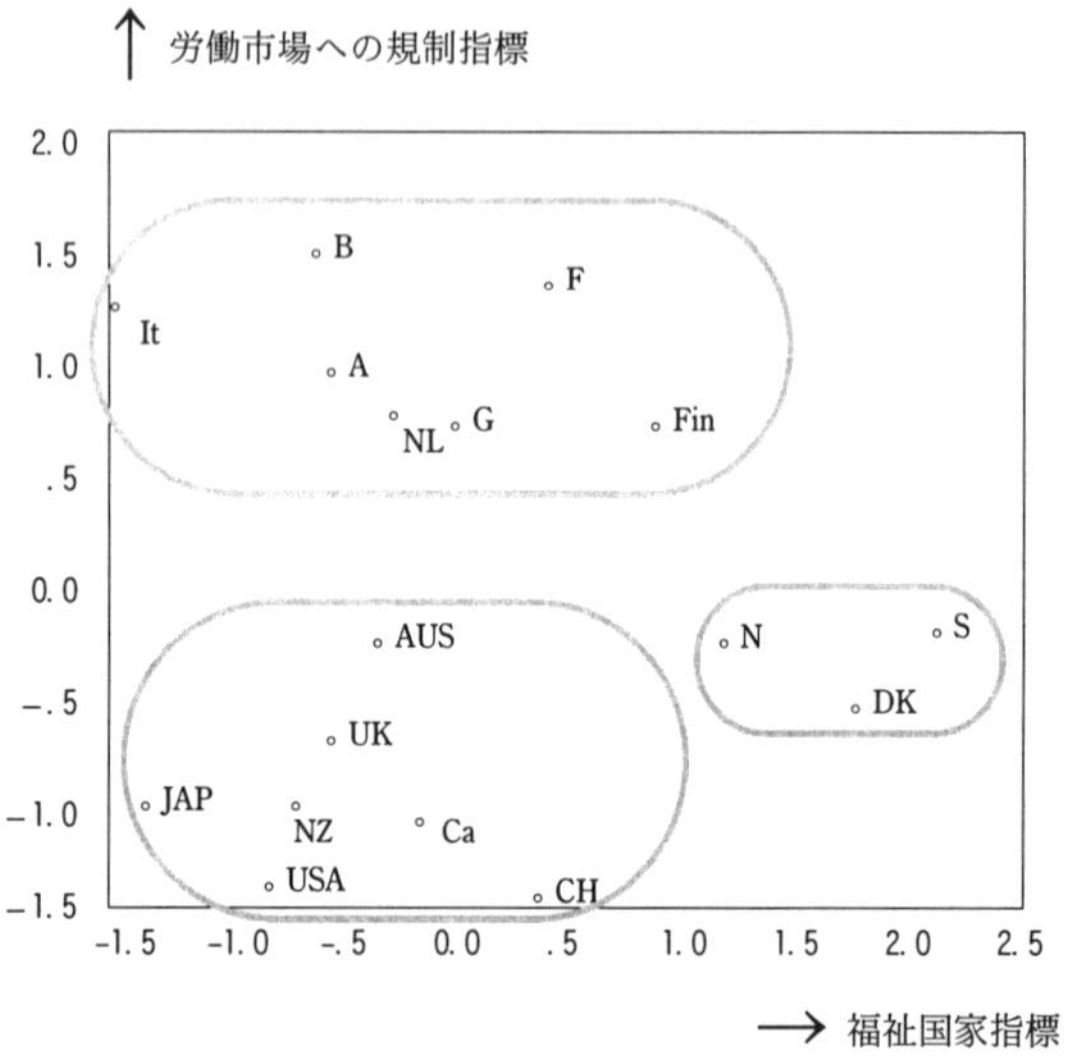

図4　成分得点のプロット

徴は、「福祉国家の成熟度」が低く、かつ「労働市場への規制」が弱いことにある。

3　「雇用レジーム」はどのようにして誕生したのか

「雇用レジーム」誕生の背景

これらの「雇用レジーム」はどのようにして誕生したのであろうか。

「自由主義モデル」「コーポラティスト・モデル」「社会民主主義モデル」という三つの「福祉レジーム」が存在することを主張するエスピン・アンデルセンは、それらの起源を戦間期に求めている。戦間期といえば、それは主要な先進国において労使の間に歴史的な合意が成立し、まさに福祉国家の建設が始まろうとしていた時代であった。そして、この歴史的な合意を基礎に、各国は戦後、福祉国家を制度化していったといえる。また、この間のプロセスは、工業化の時期とも重なっており、その意味で、「福祉レジーム」の誕生は工業化の産物とみることもできよう。

だが、ここで示した「雇用レジーム」についていえば、それを工業化の産物とみるよりも、脱工業化＝サービス化の産物とみる方が正確である。**表3**は、脱工業化＝サービス化のプロセスにおいて、産別の就業人口がどのように変化したのかをみたものである。これをみると、多くの国で「工業人口」の絶対数が減少し始めた一九六五年前後から現在にかけて、工業人口の減少を上回る規模で、サービス人口が増えていることが分かる。しかし、この間に雇用機会の純増を上回る規模で労働力人口の増加があったために、その差が結局失業者の増加となっている。

ここで興味深いのは、サービス部門での雇用増に公共部門が果たした貢献度に、国によって大きな差があることである。データが利用できる国は限られているが、例えば、サービス部門の雇用増に占める公共部門の割合は、デンマーク、フィンランド、ノルウェーでそれぞれ七二・七％、四九・三％、四六・五％と高く、フランス（三二・八％）、西ドイツ（三二・八％）、イタリア（二六・二％）、ベルギー（二二・八％）がこれらに続き、逆に、イギリス（一六・七％）、アメリカ（一一・七％）、オーストラリア（六・二％）日本（四・六％）でその比率は低い。また**表4**は、先の「雇用レジーム」別に非政府サービス

ビス化・労働供給増

⑥=④−⑤ (1000人)	⑦就業人口増 (1000人)	⑧被用者人口増 (1000人)	⑨公務員増 (1000人)	⑨/③ (%)	⑩自営人口増 (1000人)	⑪失業増 (1000人)
−90	+561	+859	NA		−496 (68−)	+71.7
−520	+186	+240	+194 (70−92)	21.8	−86	+373
−2229	+1908	+4312	+2119 (70−93)	32.8	−2401	+2613
−2126	+1724	+3337	+1677 (65−90)	32.8	−442	+1736
−157	+138	+240	NA		−19	+159
−513	+2129	+2102	NA		−147	+456
−130	+747	+703	NA		NA	NA
−2134	+357	−2132	+945 (65−92)	16.7	+1751	+2437
−1062	+210	+1569	+1285 (70−93)	26.2	−2453	+1592
−195	+282	+516	+487 (65−92)	72.7	−271	+196
−283	−173	+115	+281 (65−93)	49.3	−350	+426
+2	+423	+538	+357 (70−91)	46.5	−113	+103
−233	+164	+240	NA		−3	+296
−1324	+6318	+5780	NA		+395	+1261
−3341	+51972	+49651	+5680 (65−93)	11.7	+2254	+4630
−853	+3210	+2656	+199 (66−92)	6.2	+566	+774
−125	+570	NA	NA		NA	+137
−1350	+13330	+26621 (65−92)	+828 (70−92)	4.6	−1430	+1350

出典：以上のデータはすべて、LIS(1997), *Comparative Welfare States Data Set* より。

表３　脱工業化・サー

	①脱農業化（1000人）	②脱工業化（1000人）	③サービス化（1000人）	④雇用機会の純増（1000人）	⑤労働力人口増（1000人）
オーストリア（1965-94）	−300	−119	＋967	＋548	＋638
ベルギー（1965-92）	−135	−667	＋889	＋87	＋607
フランス（1965-94）	−2358	−1600	＋6467	＋2509	＋4738
西ドイツ（1965-90）	−1881	−2026	＋5116	＋1209	＋3335
アイルランド（1965-94）	−195	＋37	＋305	＋147	＋304
オランダ（1965-94）	−77	−317	＋2538	＋2144	＋2657
スイス（1965-94）	−166	−374	＋1301	＋761	＋891
イギリス（1965-94）	−418	−4447	＋5666	＋801	＋2935
イタリア（1965-94）	−3553	−754	＋4899	＋592	＋1654
デンマーク（1965-94）	−199	−141	＋670	＋330	＋525
フィンランド（1965-94）	−442	−127	＋570	＋1	＋284
ノルウェー（1965-94）	−149	−59	＋768	＋560	＋558
スウェーデン（1965-94）	−283	−603	＋1113	＋227	＋460
カナダ（1965-94）	−149	＋693	＋5800	＋6344	＋7668
アメリカ（1965-94）	−127	＋4377	＋48482	＋52732	＋56073
オーストラリア（1965-94）	−51	＋10	＋3221	＋3180	＋4033
ニュージーランド（1965-94）	＋38	＋14	＋540	＋592	＋717
日本（1965-94）	−7400	＋6630	＋18000	＋17230	＋18580

表4　非政府サービス雇用の成長率（分散分析）

		度数	平均値	
非政府サービス雇用の成長率・卸小売　1979−90	①	7	1.0143	
	②	5	1.9000	＊＊
	③	3	.3333	
	合計	15	1.1733	
非政府サービス雇用の成長率・運輸通信　1979−90	①	7	.5000	
	②	5	.7200	×
	③	3	.6667	
	合計	15	.6067	
非政府サービス雇用の成長率・金融ビジネス　1979−90	①	7	3.2000	
	②	5	4.4600	×
	③	3	3.9667	
	合計	15	3.7733	
非政府サービス雇用の成長率・社会対人サービス　1979−90	①	7	2.6429	
	②	5	4.2600	＊
	③	3	.6000	
	合計	15	2.7733	
非政府サービス雇用の成長率・（年率）1979−90	①	7	1.7143	
	②	5	2.8400	＊＊
	③	3	1.1333	
	合計	15	1.9733	

注：①ヨーロッパ大陸諸国 ②アングロサクソン諸国 ③北欧諸国
＊印は有意水準5%、＊＊印は有意水準1%である（以下同じ）。
出典：以上のデータはすべて、OECD（2000），*Services Statistics on Value Added and Employment* より。

雇用人口の変化（一九七九〜九〇年）をみたものであるが、年率換算した非政府サービス雇用の成長率は、「アングロサクソン諸国」で二・八％と最も高く、逆に、「ヨーロッパ大陸諸国」や「北欧諸国」ではそれぞれ一・七％、一・一％と低い。

つまり、これらの結果は、「北欧諸国」において公共部門を中心にサービス化が進んだのに対し、「アングロサクソン諸国」では逆に、民間主導でサービス化が進んだことを示しており、さらに「ヨーロッパ大陸諸国」は、それらのいずれでもない形でサービス化が進んだことを示しているといえよう。

では、このようなサービス化パターンの違いは、理論的にどのように説明できるのであろうか。D・ベルをはじめとするこれまでの脱工業化社会論者は、サービス産業の発展を「サービス需要の所得弾力性」の観点から説明しようとしてきた(2)。すなわち、国民の所得水準が向上するにつれて、消費需要は工業製品からサービスへシフトすることから、これによって、サービス産業の発展が説明できるとする。

しかし、ここで見落としてはならないことは、サービス部門の労働生産性が工業部門のそれに比べて極めて低いという事実である。そして、①サービス部門の低い生産性に合わせて、サービス部門で働く労働者の賃金が低く据え置かれるならば、サービス部門の雇用増が期待できるが、②逆に、サービス部門で働く労働者の賃金が生産性の伸び以上の速さで上昇するならば、サービスの相対価格は上昇し、サービス需要の価格弾力性は大きいことから、サービス需要が減退する可能性がある。

実は、前者のパターンこそが「アングロサクソン諸国」で起きたサービス化であり、また後者のパターンが「北欧諸国」や「ヨーロッパ大陸諸国」で起きたサービス化であった。そして、「北欧諸国」では、不足する民間サービスをパブリック・セクターが補い、また、「ヨーロッパ大陸諸国」では、北欧ほどに公共部門が拡大されることがなかったために、国民自らがサービスを自家生産する、いわゆる「セルフサービス化」という道を辿ることになった(3)。

「雇用レジーム」と社会対立の構図

サービス化をめぐってこのような異なるパターンが生じた原因は、上述したように、「アングロサクソン諸国」において労働市場への規制が弱く、かつ福祉国家の成熟度が低いのに対し、「北欧諸国」では福祉国家の成熟度が高く、また「ヨーロッパ大陸諸国」では労働市場への規制が強いことにある。すなわち、「北欧諸国」では、サービス部門で働く労働者の留保賃金が高く、労働者は低賃金で働くことを受け入れようとはせず、また「ヨーロッパ大陸諸国」でも、労働市場への規制が強いために、サービス部門での低賃金労働はこれまで認められていなかった。そして、そのような差は、**図5**に示したように、それぞれの社会にまったく異なる対立軸を組み込むこととなった。

まず、「アングロサクソン諸国」は、サービス部門で低賃金労働を認めたことによって、雇用の拡大に成功した。また、民間主導でサービス化を進めたために、「小さな政府」を維持することができた。しかし、その代償として、高給を稼ぐ一部の知識労働者や管理職者と、低賃金に甘んじなければならないその他多くの労働者との間に、貧富の格差が拡大した。したがって、「アグロサクソン諸国」における社会対立の構図は文字通り「階級対立」という形を取っている点に特徴がある。

これに対して、公共部門を中心に社会サービスを拡大する道を選んだ「北欧諸国」では、この選択

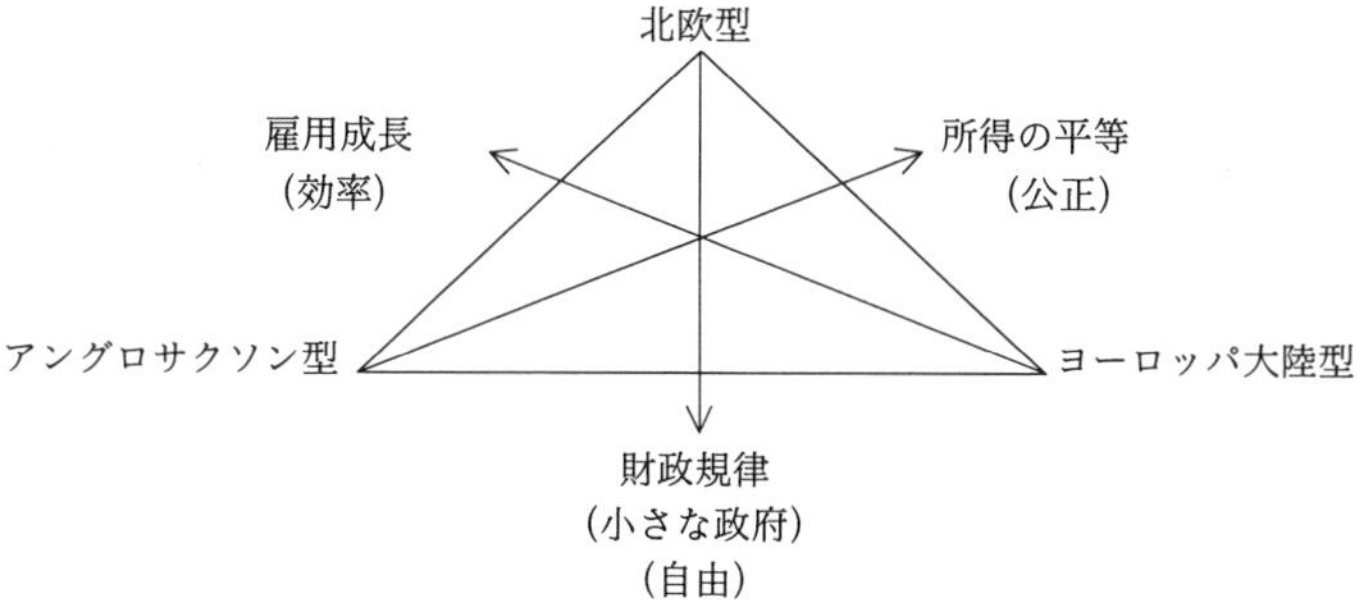

図5　雇用レジームと社会的対立軸

出典：J. I. Gershuny & I. D. Miles (1983), *The New Services Economy: The Transformation of Employment in Industrial Societies*, (Frances Printer), G. Esping–Andersen (1990), *The Three Worlds of Welfare Capitalism*, (Policy Press), T. Iversen & A. Wren (1998), "Equality, Employment, and Budgetary Restraint: The Trilemma of Service Economy"in *World Politics*, vol. 50, pp. 507–546を参考にして作成。

によって雇用を維持し、と同時に、サービス労働者の多くに公務員としての地位が保障されたために、平等を達成することが可能となった。だが、その反面、財政規律を犠牲にし、「大きな政府」を抱えざるを得なくなったことから、工業製品を海外に輸出する競争的な民間セクターと、生産性の低い公共セクターとの間に鋭い利害の対立が発生し、そのような「セクター間対立」はいまや、鉄の結束を誇った労働運動にまで及んでいる。

また、セルフサービス化を選択した「ヨーロッパ大陸諸国」では、財政規律を犠牲にして公共部門を拡大することもなく、また低賃金労働を認めて不平等を拡大させることもなかった代わりに、その代償として、完全雇用を維持することに失敗した。したがって、これらの国が抱える最大のジレンマとは、平等を犠牲にして雇用の拡大を図るか、あるいは平等を優先して雇用を犠牲にするかという点にあり、この選択をめぐって、仕事を持つインサイダーと、仕事を持たないアウトサイダーとの利害の対立が潜在的に燻っているとみることができる(4)。

ところで、図5に示したサービス化時代の社会対立の構図を、工業化時代のそれと比較してみると面白い。一九六〇年代末まで続いた戦後の工業化時代は、資本主義の黄金時代ともいわれるように、耐久消費財の大量生産＝大量消費システムを基礎にしたものであった。すなわち、「三種の神器」に代表される耐久消費財への需要は高度に価格弾力的であったため、大量生産によって労働生産性を引き上げ、その価格を大幅に引き下げることができれば、その需要を拡大することができた。また、労働生産性が引き上げられるということは、生産性基準原理にしたがって労働者の実質賃金が引き上げられることを意味しており、それゆえに、「雇用成長」と「所得の平等」とが同時に達成できることを意味していた(5)。しかも、戦後の工業化時代は、内需主導型の経済発展を基礎にしていたために、循環的不況に対する財政出動は大きな効果を発揮し、またそのこと自体が必ずしも「大きな政府」につながるわけではなかったといえる。

このようにみると、戦後の工業化時代は、「雇用成長」「所得の平等」「財政規律」のすべてを充たす条件が揃っていたとみることができる。また、そのような条件は、「アングロサクソン諸国」「北欧諸国」「ヨーロッパ大陸諸国」の違いを問わず、すべての西側先進国において成立していたとみることができ、まさにその点でも資本主義の黄金時代であったといえる。

では、そのような時代を支えた、社会の対立図式とは何であろうか。それは一口にいえば、金融資本と産業資本との対立、すなわち、二〇世紀に入って出現した「所有と経営との分離」という事態を背景にした、「金利生活者」と「モノづくり」を行う人々との対立であったと述べることができる(6)。その意味で、社会対立の構図は今よりもはるかに単純であったのであり、また、その解決策もはっきりとしていたといえる。

4　「雇用レジーム」はグローバル化によってどのように変化しつつあるか

二つの仮説

以上の三つの「雇用レジーム」は、グローバル化によっていまどのように変化しつつあるのであろうか。

この点をめぐっては、本書第一部で紹介したように、さまざまな仮説があるが、その代表的なものをあげるとすれば、次の二つといえよう。

ひとつは、「底辺への競争」説であり、「カネ」及び「ヒト」の二大生産要素が国境を越えて自由に移動する時代には、要素価格均等化法則が働き、「悪貨が良貨を駆逐する」という意味でのグレシャムの法則が働く、というものである。すなわち、社会的に優れた「雇用レジーム」はより劣った「雇用レジーム」の前に屈伏せざるをえないことをこの仮説は示唆しており、先の分類にもとづけば、「成長」と「平等」を達成している「北欧諸国」と、「平等」と「財政規律」を達成している「ヨーロッパ大陸諸国」がそれぞれに、「平等」を犠牲にした「アングロサクソン諸国」に屈伏せざるをえない、と主張するものである。

もうひとつの仮説は、「経路依存的調整」説とよばれるものである。この仮説は、「底辺への競争」説とは逆に、本稿において筆者がこれまで重視してきた「諸制度」、すなわち、社会保障、教育、家族、労使関係といった制度の果たす役割に注目し、それぞれの「雇用レジーム」にグローバル化が及ぼす影響は必ず、そのような「諸制度」のプリズムを通して現れるとみる見方である。したがって、「アングロサクソン諸国」の市場原理に代わりうる、機能的に等価な「諸制度」が「北欧諸国」や「ヨーロッパ大陸諸国」に存在するならば、グローバル化が及ぼす影響はそれほど大きくないとみる。

「底辺への競争」圧力は働いているのか

これらのいずれが正しいのかを検証するに十分な証拠はないが、ここでは、それぞれの「雇用レジーム」別に経済活動の国際化がどの程度進んでいるのかをみたうえで、①「財政規律」、②「雇用」、③「所得分配」の三つの観点から、それぞれの「雇用レジーム」にどのような変化が起きているのかをみておきたい。

表5　国際化の進展度(分散分析)

		度数	平均値	
金融の国際化指標（クイーン指標）の変化　1979－90	①	6	2.5000	×
	②	7	3.5000	
	③	3	4.6667	
	合計	16	3.3438	
金融の国際化指標（クイーン指標）1993	①	6	13.6667	×
	②	7	12.9286	
	③	3	13.3333	
	合計	16	13.2813	
金融の国際化指標（クイーン指標）1970	①	6	11.1667	×
	②	7	9.4286	
	③	3	8.6667	
	合計	16	9.9375	

注:①ヨーロッパ大陸諸国 ②アングロサクソン諸国 ③北欧諸国
出典:D. Quinn (1997), "The Correlates of Change in International Financial Regulation" in *American Political Science Review*, Vol. 91, No. 3, pp. 531–551および F. Scharpf & V. A. Schmidt (2000), *Welfare and Work in the Open Economy: From Vulnerability to Competitiveness* Vol. 1 (Oxford University Press) Statistical Appendix, Table A. 3–1, p. 369より。

まず、経済活動の国際化の進展度をみるために、国境を越えた資本移動に対する政府規制の数から逆に「金融の国際化」を測ると、**表5**に示したような結果が得られる。本表から明らかなことは、①金融の国際化の程度に、一九七〇年時点でも、一九九三年時点でも「雇用レジーム」ごとにそれほど大きな差がないこと、②また、一九七〇年から九三年にかけての変化をみても、統計的に有意な差が確認できないこと、③さらに、一九九三年時点でほとんどの先進国はほぼ完全な「金融の自由化」を達成していることである。したがって、少なくとも国境を越えた「カネ」の移動という点では、すべての「雇用レジーム」に共通に国際化の波が押し寄せているといえよう。

では、経済活動の国際化は、各国の「財政規律」にどのような影響を与えたのであろうか。ここで明らかにしなければならないのは、「北欧諸国」や「ヨーロッパ大陸諸国」が、グローバル化による競争圧力を受けて、これまでのような潤沢な資金を福祉国家に振り向けることができなくなっているのかどうかという点である。

ヨーロッパ全体についていえば、一九九〇年にスタートした経済通貨統合(EMU)と、それに先立って行われた経済政策の収斂の影響が大きい。すなわち、EMUに参加するEU加盟国は、単年度の財政赤字をGDPの三%以内に、また累積国債残高をGDPの六〇%以内に抑えることが義務づけられたために、この間、緊縮財政を余儀なくされたといえる。**表6**は、各国の財政赤字の推移をみたものであるが、EU加盟国にその影響がはっきりと現れていることが分かる。また、これと同じことは、イギリス以外の「アングロサクソン諸国」についてもいえ、グローバル化はより厳しい財政規律を各国に課したとみることができる。

次に、「雇用」についてはどうであろうか。**表7**は、「雇用レジーム」ごとにみた、雇用成長率(一九八六~九六年)、平均失業率(一九八六~九六年)、失業者に占める長期失業者の割合(一九九六年)の平均値を比較したものである。これらの指標から明らかなことは、まず、これまで完全雇用を達成していると考えられてきた「北欧諸国」において雇用成長率がマイナスとなっていることである。これ

表6　GDP対比の財政赤字

年	A	AUS	B	CAN	CH	D	DK	F	FL	I	IRL	JAP	N	NL	NZ	S	UK	USA	OECD-18
1970	1.2	2.8	-2.2	0.1	－	0.2	3.2	0.9	0.8	-3.9	－	0.6	1.3	-1.4	－	4.4	2.9	-1.1	0.7
1971	1.5	2.3	-3.2	-0.1	－	-0.2	3.9	0.6	0.9	-5.7	－	0.5	1.6	-1.1	－	5.2	1.3	-1.7	0.4
1972	2.0	2.1	-4.5	0.0	－	-0.5	3.9	0.6	0.8	-8.3	－	-0.1	1.8	-0.5	－	4.4	-1.3	-0.3	0.0
1973	1.2	-0.4	-3.8	0.4	－	1.2	5.2	0.6	1.4	-7.6	－	0.3	2.3	0.8	－	4.1	-2.7	0.5	0.2
1974	1.2	1.0	-2.9	0.7	－	-1.3	3.1	0.3	1.4	-7.5	－	0.2	2.1	0.0	－	2.0	-3.8	-0.3	-0.2
1975	-2.4	-3.0	-5.0	-1.0	－	-5.6	-1.4	-2.4	1.8	-12.4	－	-1.8	1.7	-2.2	－	2.8	-4.5	-4.1	-2.6
1976	-3.6	-3.2	-5.7	-0.8	－	-3.4	-0.3	-0.7	2.9	-9.5	－	-2.5	1.6	-2.0	－	4.5	-4.9	-2.3	-2.0
1977	-2.3	-1.1	-5.9	-1.4	－	-2.4	-0.6	-0.8	2.3	-8.4	-2.6	-2.8	1.1	-0.8	－	1.7	-3.2	-1.0	-1.8
1978	-2.6	-2.7	-6.2	-1.8	－	-2.4	-0.3	-2.1	1.7	-10.2	-3.7	-4.2	0.5	-2.3	－	-0.5	-4.3	-0.1	-2.6
1979	-2.4	-2.3	-7.0	-1.3	－	-2.6	-1.7	-0.8	1.4	-9.8	-4.9	-3.7	1.1	-3.0	－	-2.9	-3.1	0.2	-2.7
1980	-1.7	-1.8	-8.6	-1.8	0.7	-2.9	-3.3	0.0	1.4	-8.3	-6.2	-3.6	3.0	0.0	－	-4.0	-3.3	-1.4	-2.5
1981	-1.8	-0.6	-12.7	-1.1	-0.4	-3.7	-6.9	-1.9	2.0	-11.4	-7.7	-3.3	3.0	-5.4	－	-5.3	-3.9	-1.1	-3.7
1982	-3.4	-0.5	-10.8	-4.0	-1.0	-3.3	-9.1	-2.8	1.2	-11.2	-9.2	-3.1	2.7	-6.6	－	-7.0	-2.8	-3.5	-4.4
1983	-4.0	-3.9	-11.4	-5.1	-1.2	-2.6	-7.2	-3.2	0.4	-10.5	-8.7	-3.2	4.4	-5.8	－	-5.0	-3.3	-4.1	-4.4
1984	-2.7	-3.3	-9.4	-5.0	-0.6	-1.9	-4.1	-2.8	2.1	-11.5	-7.7	-1.9	5.5	-5.5	－	-2.9	-4.0	-3.0	-3.5
1985	-2.6	-2.8	-8.8	-5.8	-0.4	-1.2	-2.0	-2.9	2.2	-12.3	-9.2	-0.8	8.1	-3.6	－	-3.8	-2.9	-3.2	-3.1
1986	-3.8	-3.0	-9.2	-4.8	0.7	-1.3	3.1	-2.7	2.7	-11.4	-9.7	-0.9	4.8	-5.1	-6.5	-1.2	-2.8	-3.5	-3.0
1987	-4.4	-0.2	-7.6	-3.5	0.5	-1.9	2.1	-1.9	0.9	-11.0	-7.9	0.4	4.0	-5.9	-2.2	4.2	-1.9	-2.6	-2.2
1988	-3.3	0.9	-6.8	-2.7	0.2	-2.2	1.5	-1.7	3.6	-10.7	-4.3	1.4	2.4	-4.6	-4.8	3.5	0.6	-2.1	-1.6
1989	-3.1	1.0	-6.2	-3.1	-0.3	0.1	0.3	-1.2	6.0	-9.8	-1.8	2.4	1.8	-4.7	-3.7	5.4	0.9	-1.7	-1.0
1990	-2.4	0.6	-5.5	-4.4	-1.1	-2.1	-1.0	-1.6	5.4	-11.1	-2.3	2.9	2.6	-5.1	-4.7	4.2	-1.5	-2.7	-1.7
1991	-2.7	-2.7	-6.3	-7.1	-3.0	-3.3	-2.4	-2.1	-1.5	-10.1	-2.4	3.0	0.1	-2.9	-3.8	-1.1	-2.8	-3.3	-3.0
1992	-1.9	-4.1	-6.9	-8.0	-3.5	-2.8	-2.2	-4.1	-5.9	-9.6	-2.6	1.5	-1.8	-3.9	-3.3	-7.8	-6.5	-4.4	-4.3
1993	-4.2	-3.8	-7.1	-7.6	-4.5	-3.5	-2.8	-6.1	-8.4	-9.5	-2.6	-1.7	-1.5	-3.2	-0.6	-12.3	-8.0	-3.6	-5.1
1994	-5.0	-4.0	-4.9	-5.7	-3.2	-2.6	-2.6	-6.0	-6.6	-9.2	-1.8	-2.4	0.5	-3.8	3.0	-10.3	-6.8	-2.3	-4.1
1995	-5.1	-2.0	-3.9	-4.6	-2.0	-3.5	-2.2	-5.4	-5.7	-7.7	-2.3	-3.8	3.7	-3.7	3.3	-7.8	-5.8	-1.9	-3.3
1996	-3.7	-0.9	-3.1	-2.1	-2.2	-3.5	-0.9	-4.6	-4.1	-6.7	-0.3	-4.4	7.2	-2.0	2.7	-2.1	-4.4	-0.9	-2.0
1997	-1.9	0.2	-1.9	0.9	-2.3	-2.8	0.2	-3.5	-1.6	-2.7	1.8	-3.5	8.6	-0.9	2.0	-1.1	-2.0	0.4	-0.6
1998	-2.2	0.5	-1.5	2.2	-3.3	-3.9	1.0	-3.3	1.0	-2.6	3.0	-6.4	5.0	-1.2	0.9	2.1	-0.4	1.6	-0.3

出典：OECD, *Economic Outlook*, 各年度版より。

表7　雇用パフォーマンス（分散分析）

		度数	平均値	
雇用成長率（年率換算）	①	7	.2429	
1986－96	②	7	1.2000	
	③	3	－.2667	*
	合計	17	.5471	
平均失業率	①	7	8.7571	
1986－96	②	7	6.4286	
	③	3	6.2333	×
	合計	17	7.3529	
失業者に占める長期失業者	①	7	46.4571	
（1年以上）の割合1996	②	7	22.0429	
	③	3	19.2000	**
	合計	17	31.5941	

注：①ヨーロッパ大陸諸国 ②アングロサクソン諸国 ③北欧諸国
出典：「平均失業率」「雇用成長率」「失業者に占める長期失業者（1年以上）の割合」は、OECD(1997), *Employment Outlook 1997* より。

は一九九〇年代の初頭にこれらの国々を襲った深刻な経済不況が強く影響していると考えられるが、さらに別の理由として、「北欧諸国」においてさえ、グローバル化によって厳しい「財政規律」が課され、公共部門の雇用をこれ以上拡大できなくなったことが考えられる。

また、平均失業率に「雇用レジーム」ごとにみた有意な差はないが、長期失業率でみると依然、「ヨーロッパ大陸諸国」が四六・五％と飛び抜けて高い水準にある。これらの国では、グローバル化が進む中で、今後このような大量の長期失業者を抱えていくことは、財政的にも難しくなっている。このため、「北欧諸国」の積極的労働市場政策を一部採り入れたり、また「アングロサクソン諸国」の規制緩和

表8 稼得ならびに所得の不平等(分散分析)

		度数	平均値	
稼得の不平等D9÷D5	①	7	1.7071	
1995年前後	②	7	1.8429	
	③	3	1.5533	*
	合計	17	1.7359	
可処分所得のジニ係数	①	6	.2635	
1990年代前半	②	6	.3225	
	③	3	.2367	**
	合計	15	.2817	
可処分所得のジニ係数の変化	①	5	1.0558	
(1979＝1)	②	6	1.1174	
	③	3	1.1578	×
	合計	14	1.1041	

注:①ヨーロッパ大陸諸国 ②アングロサクソン諸国 ③北欧諸国

出典:可処分所得のジニ係数については P. Gottschalk & T. M. Smeeding (1999), "Empirical Evidence on Income Inequality in Industrialized Countries" in *Luxembourg Income Study Working Paper*, No. 154より。また、稼得の不平等については、OECD(1996), *Employment Outlook 1996* より。

政策を一部採り入れるなど、問題の解決に向けた模索が続いている。その意味で、グローバル化を契機にした、「雇用レジーム」の収斂が起きているといえるかもしれない。

最後に、グローバル化は「所得分配」にどのような影響を与えたのであろうか。ここでは、「稼得の分配」と「可処分所得の分配」とにそれぞれ分けて、この問題を調べておきたい。

所得分配には、「サービス化」や「高齢化」も同じく悪影響を与えると考えられるため、グローバル化の影響を独立に推計することは難しい。しかし、**表8**に示したように、一九九五年前後の稼得収入の不平等をみると、依然として、「雇用レジーム」ごとにはっきりとした差があることが分かる。すなわち、第五・十分位（メディアン）の稼得収入に対する第九・十分位の稼得収入の比率は、「アングロサクソン諸国」で一・八四と最も大きく、これに「ヨーロッパ大陸諸国」（一・七〇）が続き、他方、「北欧諸国」ではその比率は一・五五と低い。

また、これと同じことは、可処分所得のジニ係数（一九九〇年代前半）についてもいえる。ここでも、「雇用レジーム」ごとに可処分所得の不平等には大きな差があり、「アングロサクソン諸国」のジニ係数が〇・三二と飛び抜けて高い水準にあるのに対し、「ヨーロッパ諸国」と「北欧諸国」のそれはそれぞれ〇・二六、〇・二三と低い水準を維持している。

このようにみると、グローバル化は「所得分配」にそれほど大きな変化をもたらしていないようにみえる。だが、一九七九年時点での各国のジニ係数を一とした変化率でみると、図6に示したように、「雇用レジーム」ごとにみた差は小さくなり、むしろ「雇用レジーム」の違いを超えて、不平等が拡大している国とそうでない国との差がこの一〇年間で大きくなっていることが分かる。特に、不平等がこの間最も拡大している国は、これまで世界有数の福祉先進国と考えられてきたオランダやスウェーデンであり、グローバル化の進展に合わせ、これらの国で断行された社会保障改革、労働市場改革、そして税制改革の影響が大きいといえよう。

以上を総括していえることとは何か？　それは、「底辺への競争」説が主張するほどに「アングロサクソン諸国」への一方向的な収斂は起きていないにせよ、「経路依存的調整」説が考えるほど、そ

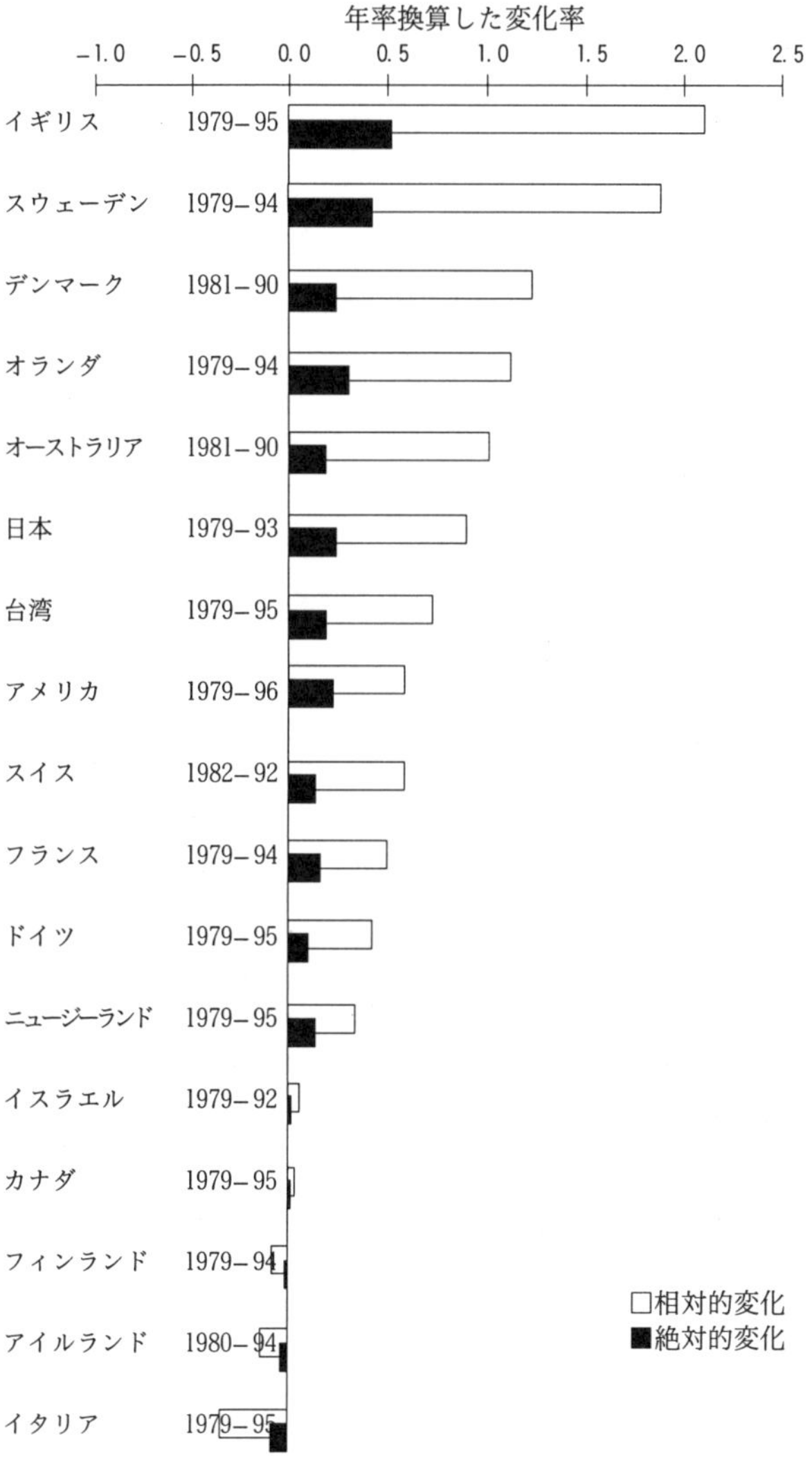

図6　可処分所得の不平等の変化

出典：P. Gottschalk & T. M. Smeeding(1999), "Empirical Evidence on Income Inequality in Industrialized Countries" in *Luxembourg Income Study Working Paper*, No. 154. Figure 4. より。

れぞれの「雇用レジーム」はグローバル化による収斂圧力から無傷ではなかったということである。

5 おわりに

以上で述べた主要な論点を整理し、結論に代える。

(一)この小論では、エスピン・アンデルセンの「福祉レジーム」論を手がかりにしながら、労働市場とそれを取り巻く「諸制度」との関係に注目することで、「アングロサクソン諸国」「ヨーロッパ大陸諸国」「北欧諸国」という三つのタイプの「雇用レジーム」が存在することを明らかにした。

(二)しかし、これらの「雇用レジーム」は、エスピン・アンデルセンが主張するように、工業化社会の産物ではなく、むしろ脱工業化の過程で各国が辿った多様なサービス化のプロセスの結果といえる。すなわち、民間主導でサービス化を進めた「アングロサクソン諸国」、公共部門を中心にサービス化を進めた「北欧諸国」、さらに、それらのいずれでもなく、セルフサービス化という独自の道を辿った「ヨーロッパ大陸諸国」というように、それぞれのサービス化のパターンは多様であり、この多様性がそれぞれ個性ある「雇用レジーム」を生み出しているとみることができる。

(三)そして、このような違いは、それぞれの「雇用レジーム」に性格の異なる社会対立の構図を組み込むこととなった。貧富の格差が拡大する「アングロサクソン諸国」では、文字通り「階級対立」が、また、公共部門において雇用を拡大した「北欧諸国」では、競争的な民間セクターとの間で「セクター間対立」が発生しており、さらに、セルフサービス化という道を選び、結果的に大量の失業者を抱えることとなった「ヨーロッパ大陸諸国」では、仕事を持つインサイダーと仕事を持たないアウトサイダーとの間で対立が生じている。

(四)しかし、グローバル化の波はいずれの「雇用レジーム」に対しても共通に押し寄せており、徐々にではあれ、それぞれの「雇用レジーム」の特徴は失われようとしている。まず、グローバル化による競争圧力は、「北欧諸国」や「ヨーロッパ大陸諸国」においても、「アングロサクソン諸国」と同様に、厳格な財政規律を課す力として働いた。また、これによって「大きな政府」を維持することが難しくなったため、これまで公共部門を中心に雇用を拡大してきた「北欧諸国」の雇用パフォーマンスはここへきて急速に悪化している。さらに、所得分配についてみると、「雇用レジーム」ごとにみた差はまだまだ大きいといえるが、この点でこれまで良好な成果を達成してきた「北欧諸国」や「ヨーロッパ大陸諸国」においてさえ、不平等が拡大する兆しがみえ始めている。グローバル化のさらなる進展にともない、今後のゆくえが注目されるところである。

注

(1) この三つの類型は、G. Esping–Andersen, *The Three Worlds of Welfare Capitalism*, Polity Press, 1990. 岡沢憲芙・

宮本太郎監訳『福祉資本主義の三つの世界―比較福祉国家の理論と動態』ミネルヴァ書房、二〇〇一。

（2）脱工業化社会論は、D. Bell, *The Coming of Post–Industrial Society*, Basic Books, 1973. 内田忠夫他訳『脱工業社会の到来――社会予測の一つの試み』ダイヤモンド社、一九七五、を参照。

（3）セルフサービス化については、J. I. Gershuny, & I. D. Miles, *The New Service Economy : The Transformation of Employment in Industrial Societies*, Frances Pinter, 1983. 阿部真也監訳『現代のサービス経済』ミネルヴァ書房、一九八七。

（4）T. Iversen, & A. Wren, "Equality, Employment, and Budgetary Restraint: The Trilemma of Service Economy", in *World Politics* Vol. 50, 1998, pp. 507–546.

（5）E. Appelbaum, & R. Schettkat, "Employment and Productivity in Industrialized Economies", in *International Labour Review* Vol. 134, No. 4–5, 1995, pp. 605–623.

（6）この点については、J. M. Keynes, *A Treat on Monetary Reform*, Macmillan, 1924. 中内恒一訳『貨幣改革論』東洋経済新報社、一九七八。

日本の福祉システムと外国人

明治大学　鍾　家新

1　はじめに

戦前の日本は、産業構造の変化と侵略戦争の遂行に必要とされる福祉システムを作り上げた。在日朝鮮人・韓国人は「大日本帝国臣民」であった。戦後の「講和条約」の後、在日朝鮮人・韓国人は「日本国籍」を剥奪され、在日外国人として位置づけられた。その結果、日本の福祉システムにおける在日外国人の問題が浮上してきた(1)。戦後日本の福祉システムは民主主義・人権思想・無差別平等の諸理念のもとで再構築された。しかし、これらの諸理念の福祉システムへの具現化は明示的あるいは暗示的に、あくまでも「日本国民」という範疇の中で行われてきた。つまり、戦後の日本の福祉国家体制は在日外国人を排除・差別する過程の中で再建されていった。一九八〇年代以降、急激な国際化の波の中で、日本の福祉システムは在日外国人について再調整されざるをえなかった。この論文は、日本の福祉システムと外国人との関係についての考察を行う。これによって、日本型福祉国家においても「国民福祉国家」という性質を強くもっていることを再確認し、国際化にともなう緩やかな変貌の背景・意味を分析する。

まず、日本の社会保障制度における外国人の位置づけの変化をみてみよう。

2　日本の社会保障制度と外国人

日本の社会保障制度の在日外国人への適応状況は、年表風にまとめると次の通りである。「健康保険法」(一九二二年制定)、「労働者災害補償保険法」(一九四七年制定)、「失業保険法」(一九四七年制定、雇用保険)、「児童福祉法」(一九四七年制定)、「身体障害者福祉法」(一九四九年制定)、「精神薄弱者福祉法」(一九六〇年制定)、「老人福祉法」(一九六三年制定)は、制定当初から外国人に適用されていた。「労働保険のなかでも厚生年金保険は船員保険とともに制定時は国籍要件を設けて外国人労働者を排除していたが、戦後そうそうに総司令部の指令と、それを受けた勅令によって適用対象とされた」(2)。「国民年金法」(一九五九年制定)、「児童扶養手当法」(一九六一年制定)、「特別児童扶養手当等の支給に関する法律」（一九六四年制定）、「児童手当法」（一九七一年制定）は、制定時に外国人を排除していた。しかし、在日アメリカ人に関しては、一九五三年の「日米通商航海条約」第三条「相互内国民待遇」の規定により、国民年金への加入が認められていた。

外圧を直接の契機として、一九八一年、日本は「難民の地位に関する条約」を批准するようになった。そして、一九八二年から、「国民年金法」などの法律は外国人を対象とするようになった。そのうち、国民年金の老齢年金権を取得するためには、被保険者資格を喪失する六〇歳までに被保険者期間が二五年を満たさなければならなくなった。つまり、すでに三五歳を超えた外国人は年金権を取得することができないことになる。しかし、旧厚生省は「外国人の特別扱いはできない」という立場から資格期間の短縮などの経過措置の実施を拒否した。最近では、在日外国人の無年金者・重度心身障害者・高齢者に対して特別給付金を支給する地方自治体がある。

「国民健康保険法」は全面改正された一九五八年から一九八一年まで、国籍条項が設けられ、外国人に適用されなかった。しかし、一九六五年の日韓協定により、永住許可を有する在日韓国人への適用は特例として認められていた。一九八六年四月から、外国人登録をした、日本に一年以上滞在する予定のすべての外国人に適用されるようになった。

他に、「結核予防法」・「伝染病予防法」・「精神保健法」・「性病予防法」も在留資格と関係なく適用可能である。外国人の子どもの育成に関わるものとしては、「母子健康手帳」（母子保健法）、「入院助産・

保育園」(児童福祉法)、「養育医療」(母子保健法)・「育成医療」(児童福祉法)、小中学校(学校教育法)などがある。

一般的にいえば、社会生活の競争的な場面において、外国人・移民は言葉・人間関係・移住先の制度などの制限により不利であり、社会の底辺に陥りやすい。その意味で在日外国人にとって、生活保護を利用できるかどうかは、きわめて重要な意味をもっている。「生活保護法については、一九四六年の旧生活保護法は外国人をも適用対象としていたのに、受給の権利性が明確となった現行法においては、そのことを理由として排除され、それが今日まで及んでいる」(3)。一九五四年、旧厚生省は社会的人道的な立場、または、社会治安と外交の見地から、「生活に困窮する外国人に対する生活保護の措置について」という社会局長通知を出した。それは「五四年通知」と略称され、在日外国人の大多数を占めた在日朝鮮人・韓国人を生活保護の準用対象とするものであった。「生活保護は従来から外国人にも準用されてきたから、法改正の必要なしと説明されたのである。しかし、ここで準用とは、日本国民の義務教育に準ずる教育以外の民族学校の小学課程、中学課程の教育については教育扶助の適用を認めないことであり、また、準用は保護を法律上の権利として保障する趣旨ではなく、単に一方的な行政措置として行うのであるから、困窮外国人は権利として保護の措置を請求できず、不服の申立てもすることができない限界をもつものにはほかならない」(4)。

一九八〇年代以降、世界各国からの外国人が日本に入国し、在日外国人の構成は変化した。そして、純粋な社会福祉制度である生活保護は「出入国管理及び難民認定法」と「外国人登録法」とに歩調をあわせ、在日外国人に対する管理に関わるようになった。一九九〇年から、生活保護を受給できるのは、「出入国管理及び難民認定法」の「別表第二の在留資格」を持っている外国人と難民として認定された外国人に限定された。「別表第二の在留資格」とは、「永住者」・「日本人の配偶者等」・「永住者の配偶者等」・「平和条約関連国籍離脱者の子（特別永住者）」・「定住者」という五種類である。

次に、「留学生」・「資格内就労外国人」・「資格外就労外国人」を中心に日本の福祉システムにおける外国人の実態をみていこう。

3　留学生

戦後日本はきわめて短期間に経済の高度成長を達成した。一九八〇年代以降、海外の留学生、特に東アジアからの留学生は急速に増えてきた。多くの大学は留学生に対する医療費の補助を行ない、一九八六年四月以後、所在地の国民健康保険制度への加入を勧めてきた。というのは前述したように、一九八六年四月から、一年以上の日本滞在が見込まれる留学生は居住地の市町村の役所で手続きをすれば加入できるようになったからである。普通の病気の場合では、留学生たち及びその家族は国民健康保険で対応している。以下ある留学生の事例を紹介する。個人のプライヴァシーを守るために、本文で出ている名前・所属先はA、B、C……に置き換えてあることを断っておく。

Aさんは一九八七年B大学に研究生として入学した。一九八八年四月、同大学大学院博士課程に入学した。同年一二月、Aさんの妻が来日した。Aさんに関してはB大学からの医療費の補助はあったが、Aさんの妻に関してはそれがなかった。大学の留学生センターの勧めで、Aさん夫婦は国民健康保険制度に加入した。夫婦は奨学金で生活していたため、国民健康保険制度の保険料の負担を重く感じたらしい。夫婦は若く元気なため、風邪もほとんど引かなかった。そのため、加入してから六ヶ月が経って、保険料の支払いをやめようと考えた。これについて同じ研究室の同じ国からの先輩留学生と相談してみると、「五年間以上の留学生活の中で、大病するかもしれないので、頑張って保険料を払ったほうがいい」といわれ、国民健康保険制度に加入し続けることにした。その直後、Aさんの妻は妊娠した。彼女は日本での生活のストレスで子どもを未熟児として出産し、その子はB大学付属病院で三ヶ月あまり入院した。国民健康保険制度に加入していたため、出産の費用に関しては市役所から出産育児一時金を受けた。また、子どもは未熟児であったため、「未熟児養育医療」を受けることができた。日本で子どもを出産する留学生の夫婦は児童手当を受けることができる。Aさんは「留学生も児童手当を利用できる」ことを知らなかったため、児童手当を申請しなかった。しかし、彼の未熟児の子どもは日本の高度な医療技術と「未熟児養育医療」によって命が助けられた。子どもはAさんの想像以上に元気に育っている。

Ａさんは母国の四年制大学を卒業して、日本の大学院で学位を取得するために来日した留学生である。Ａさんのような留学生たちは日本の国立大学・名門私立大学に集中している。留学生はこの種類だけではない。もう一種類は日本語専門学校にいる留学生である。もちろん、最初から日本の「短期就労」のために日本語専門学校に入学した外国人もいる。しかし、多くの留学生はまず、日本語専門学校で日本語を習得し、日本語の検定試験を受け、日本の四年制大学や大学院に入学することを希望する人々である。しかし、現実はもっと冷酷なものである。まず、アパートを探すことが大変である。多くの不動産業者は白人系以外の外国人にアパートを貸すことを拒む傾向がある。専門学校での留学生は奨学金をほとんど取得できないし、学費・宿泊費・食事費を、アルバイトで稼がなければならない。保険料の負担があるため、多くの彼らは国民健康保険制度に加入していない。しかし、日本の法務省はこれらの留学生を、就労が認められない「短期在日若年労働者」としてみる傾向があり、「就学」の在留資格で「学位を取るつもりの留学生」と区別してきた。日本語専門学校にいる留学生のうち、少数の者は、自らの意志の力で苦難を乗り換え、四年制大学・大学院に入学している。他方、進学の夢を諦め、国内での借金を返すため、「資格外就労外国人」として就労し続けている人もいる。

4　「資格内就労外国人」

「資格内就労外国人」とは、在留資格を持ち、大学・研究所・会社などに就職している外国人を指す。一九九〇年代以降、日本社会が一段と開放的になり、大学・研究所・企業に就職する外国人が急速に増えてきた。就職した時点から彼らは、職種に応じて年金保険・医療保険などに加入するようになる。日本人と同様、毎月の給料から保険料が引かれている。就職した外国人たちは医療保険の強制加入に関してはほとんど抵抗がない。しかし、年金保険の強制加入に関しては、短期間に日本で就労する外国人にとって抵抗がある。年金保険はかけ捨ての性格をもち、二五年の資格期間を満たさないうちに帰国する外国人にとっては、さほど魅力はない。しかし、現段階では、年金保険と医療保険は強制加入であり、任意加入ではないため、医療保険だけに加入する選択は許されない。健康保険に加入する場合、同時に厚生年金保険に加入しなければならない。短期間しか日本で就労しない外国人にとっても、また雇用主にとっても保険料の負担が気になる。そのため、届け出を行わないケースが多い。一九九四年の年金法改正により、年金保険の加入期間を満たしていない時に帰国する外国人に対して一時金を支給する制度が設けられるようになった。

就職した外国人の中には、大学・会社で日本人と異なる対応を受ける人もいる。Cさんは日本での博士課程を修了後、東北のD大学に就職をした。Cさんの長男は母国にいるため、大学から支給されるはずの家族手当の長男の分は支給されなかった。大学側の説明は、「Cさんの長男は日本に同居していないので支給できない」というものであった。Cさんは「家庭の事情で長男を母国に一時的に預かってもらっているだけで、養子に出したのではない。母国に仕送りをして子どもを扶養している。長男に関する家族手当を支給しないのはおかしい」と反論した。交渉は難行したが、最終的にはD大学は遡ってCさんの長男の家族手当を支給した。その後、Cさんは東京のE大学に移った。E大学はCさんの子どもの家族手当だけでなく、母国で扶養している母の分まで支給した。日本の国際化の中で、外国人に対して職場によって対応が異なる。しかし、いうまでもなく日本に滞在する外国人の中で、「資格内就労外国人」として就職している外国人は経済面だけでなく、社会保障の面でも恵まれている。

5　「資格外就労外国人」

「資格外就労外国人」は「一般的に『不法就労者』と呼称されている。『不法就労者』といっても入管法という取締法規(同様の法規としては、道路交通法がある)に違反しているに過ぎず、労働そのものが不法性を帯びるわけではない」(5)。彼ら・彼女らは日本の多くの若者が敬遠している建設現場などのような「きつい・汚い・危険」な「三K労働」に従事している。危険な仕事に多く従事しているため、

「資格外就労外国人」の労災の発生率は相対的に高い。しかし、彼らは労災保険に加入することができるにもかかわらず、通報されることを恐れて加入していないことが多い。したがって、労災にあった場合でも、被災者も雇用主も労災保険を利用することができない。しかし、後述する特別の処理方法もある。小川浩一によると、外国人労働者の被災者の約二%しか労災保険を申請していない(6)。また、「資格外就労外国人」は医療保険に加入することができない。彼ら・彼女らが診療を受ける場合は通常一五割から三〇割の高額負担になる。病気した場合でも死ぬ危険がなければ、病院にいかない。それは発見されると、母国に強制送還される恐れがあるからである。もうひとつの原因は「資格外就労外国人」に対する診療を忌避する医療機関が増加していることである。一九九〇年一〇月、旧厚生省は、生活保護指導職員ブロック会議の席上で、外国人の生活保護の準用については定住外国人を除き一切準用しないと口頭で指示した。そして、従来、「資格外就労外国人」の緊急医療として自治体が行ってきた生活保護の準用(医療扶助)が禁止された。その結果、「資格外就労外国人」を治療した医療機関がその医療費を請求できなくなった(7)。生活困窮の「資格外就労外国人」の来院を牽制するため、本来病院は緊急な患者の診療を拒否できないはずであるが、病院のロビーに「入管へ通報する」旨の表示を貼る病院がある。その一方で、人道主義・人権思想にもとづいて「資格外就労外国人」を治療している病院もある。後者の病院は入管に通報しない。どうしても一括で医療費を払えない時は、分割払いの形で少しずつ払ってもらう。就労している場合は、労災保険を申請させる、あるいは、雇用主と交渉して医療費を出させるなどの方法が採られている。

神奈川県は外国人の緊急医療費を県・市町村で負担することを決定した。一部の自治体は、「資格外就労外国人」の緊急な治療の対応を明治三二年に制定された「行旅病人及行旅死亡人取扱法」で行うなどの工夫をしている。例えば、二〇〇〇年一一月、横浜市福祉局寿生活館は横浜市に「行旅病人及行旅死亡人取扱法」による措置を依頼し、歩行困難で野宿している在留資格のない五二歳の韓国人男性を全額公費負担で入院させた。寿生活館のソーシャルワーカー・大川昭博が指摘している。「社会保障・福祉法の中で、在留資格について言及しているものは皆無である。深刻なのは、法的根拠がないまま、国や自治体の『解釈』によって権利が制限されるという実態が、外国人医療問題の解決をよりいっそう遠いものとしていることである」(8)。

「保育園」・「小中学校」は法には国籍要件がなく、在留資格の有無や種類を問わず入学できる。留学・就職などで合法的に日本に居住している外国人の子どもは「保育園」・「小中学校」を利用している。保育の国際化も進んでいる。網野武博の調査において、「全体では一万五〇〇〇人以上の子どもの(外—鍾補記)国籍が把握され、国の数は八八カ国と、世界一八九ヶ国の約半数近くにも及んでいることが明らかになった」(9)。しかし、「資格外就労外国人」は、超過滞在の発見を恐れ、子どもの「保育園」・「小中学校」の利用を避けているのが多い。親切な日本人の仲介で入学させているケースもある。

明治以後、日本は自国を「単一民族国家」として宣伝し、近代日本社会を作り上げた。しかし、白人以外の外国人、例えば、アジア諸国からの外国人に対する日本人の優越感・偏見・差別が根強く存在している。外国人が絡む事件・犯罪をマスメディアは連日報道し、外国人に対する民衆の不安を煽っている側面も感じられる。日本の公的な社会保障制度が「資格外就労外国人」を対象としないだけでなく、社会福祉活動を行う一部分の民間団体も彼らを忌避している。

上述した日本の福祉システムにおける外国人の位置づけの変化について、社会学的にどう分析すればよいのか。以下、日本の近代化過程・社会構造・東アジアでの位置づけ・世界の流れと関連しながら探究してみる。

6　国民福祉国家としての日本の福祉システム及びその変化

日本は典型的な多民族国家ではないため、その外国人対策について、海外の多民族国家の外国人対策と比較して期待・議論すること自体には無理がある。明治以後一九四五年までの日本近代化の過程は戦争の歴史であり、植民地を獲得する歴史であり、国民国家化の歴史である。その過程において、日本は中国・台湾・朝鮮・韓国に対する強烈な優越意識を形成してきた。その過程は現代日本人のアイデンティティの確立に強く影響を与えている。戦後の在日外国人のうちでは、在日朝鮮人・

韓国人が大部分を占めていた。国民健康保険法・国民年金法などの社会保障制度は日本社会の底辺に多く集中する在日外国人にとって必需である。しかし、長い間、それらの制度は在日外国人を排除していた。この対応の過程をみると、日本の社会福祉は市民福祉・住民福祉ではなく、国民福祉であるといえよう。

藤村正之によれば、「二〇世紀を通じての福祉国家の成立と展開によって進行してきたことは、結果的にみれば、『国民』概念を梃子とした生活保障の対象拡大という現象であった。その過程では、保障内容や国家の違いにより、いったん成立した個々の制度が『軍人から国民へ』『労働者から国民へ』『貧困層から国民へ』というような複数のルートを通じて、国民一般にその対象を拡大してきたといってよいだろう」[10]。日本の社会保障の形成史は、藤村の分析した通りである。

「国民としての日本人」というアイデンティティの形成と日本の社会保障制度の形成とはコインの表と裏との関係である。「日本人」というアイデンティティ、ナショナリズムは、前述の社会保障制度から在日外国人を排除するといういうみえない精神的基盤になった。他方、その排除の過程は「国民としての日本人」というアイデンティティの確立に役立った場合もあった。

一九七〇年代の石油ショックを経て、一九八〇年代は日本社会が高度産業化の頂点にのぼった時期である。「日本的経営」・「日本型の教育制度」などが世界の注目の的となった。日本政府も民衆も豊かな社会の実現によって明るくなり、自信に溢れた。日本における国際化が進み、それぞれの目的で日本に入国してくる外国人、特にアジア系の外国人は急増した。この時期に、日本は「難民の地位に関する条約」に批准し、社会保障制度の国籍要件を撤廃した。この変化に関しては、ドイツなどの外国人労働者対策と比較すれば、物足りないかもしれないが、日本の福祉国家の成立過程をみれば、大いに評価されるべきものである。

「市民権」・「国民国家」・「福祉国家」という三者の間には、深い繋がりがある。T・H・マーシャルによれば、「市民権」とは共同体の完全な成員に与えられる地位であり、市民であることを根拠として個人に与えられる資格、地位、権利・義務の総称である。権利・義務の総体としての市民権は市民的権利、政治的権利、社会的権利という三つの要素から構成されている[11]。また、武川正吾が次のように指摘している。「市民権の広がりを通じて国民国家の形成がなされるとともに、市民権の深まりを通じて福祉国家の形成がなされてきた。二〇世紀の後半世紀を、われわれは、こうした国民国家と福祉国家という二重の体制の中に生きてきた。福祉資本主義はこれら二つの蝶番であった。この体制のことを、ここでは福祉国民国家(welfare nation state)と呼んでおこう」[12]。福祉国民国家における市民権は国民主義・国家主義・同化主義という諸特質をもっている。しかし、現在その諸特質は挑戦を受けている。例えば、現在のグローバル化は国境を超えた「資本の移動」・「人の移動」を顕著な特徴とする。「その結果、従来の国民主義的市民権は、(一)国民国家内部の外国人の市民権と、(二)国民国家を超えた地域主義的な市民権、という二つの問題に直面することになった」[13]。時代の流れとして、社会保障給付の受給資格は国籍要件から居住要件へと次第に変化しつつある。

武川の分析は現在の世界動向を俯瞰しつつ行われている。日本の福祉システムにおける外国人の位置づけの変化過程をみると、二〇世紀の日本においても現在の日本においても、「市民権」及び「市民」・「市民社会」という表現は「国民」及び「国民国家」と比較すると、日本社会に完全に定着したとはいえない。日本政府の官僚・裁判官・研究者・一般の民衆の絶対多数はまだ「日本国籍」・「日本国の国民」を根拠としている「国民権」の思想を根強く堅持しているのではないか。他方、在日外国人を選別しながら、日本政府は国民国家内部の外国人の一部に「準国民権」「擬似国民権」を限定的に与えている。東アジア諸国の近代化水準の格差及び歴史問題に由来する国民感情の隔たりなどによって、東アジアの中では、ＥＵのような「国民国家を超えた地域主義的な市民権」の動きはまだみられない。

7　おわりに

「日本の社会保障法を忠実に解すれば、在日外国人に対する扱いはこうである。憲法に違反していない。だから、問題はない」という旨の議論・研究がよくみかけられる(14)。日本の社会保障法及びその解釈が支持・維持されている背景は何か。それは、在日外国人の構成上の特質、日本社会の東アジア観、東アジアの諸国と日本との近代化の格差であると考えられる。

戦後日本における外国人の大多数は日本の旧植民地や侵略された国々からの人々であり、特に在日朝鮮人・韓国人である。この特質は日本の福祉システムにおける在日外国人への対応の仕方に影響してきた。経済システムにおいて日本の国際化は見事に進んでいる。これに対して、政治システム・福祉システム・意識システムでの国際化は相対的に遅れている。日本の福祉システムにおける外国人の位置づけは主に、日本国内の経済システム・政治システムに影響されている。同時に、日本国内の意識システム及び東アジア諸国との関係にも影響される。「脱亜入欧」の国家戦略にもとづき、侵略戦争・近代化の成功によって、東アジアにおける強烈な国民国家としての日本が構築されてきた。戦後の日本は欧米との親和性を顕示し、アジアでの独自性を強調してきた。

明治以後に形成されてきた、中国・韓国・北朝鮮などの東アジアの国々に対する日本社会の「東アジア観」は、日本の福祉システムにおける在日外国人への対応の仕方を左右してきた。日本社会の「東アジア観」は過去の戦争だけでは説明されきれないし、不変なものでもない。戦後、社会主義中国の誕生、韓国・台湾の近代化の成功は日本社会の「東アジア観」に変化をもたらしている。例えば、日韓関係の改善が日本の福祉システムにおける在日韓国人の地位の向上に拍車をかけた。これらの諸要素を考慮しなければ、戦後在日外国人への福祉対策の変化は完全に説明されることができない。これから、中国で内乱・内戦や米中戦争などが起こらなければ、中国の経済成長・近代化は一段と進むであろう。日中両国の人的交流も一層濃密になると予測される。将来、日本と韓国・中国の特定地域（大都会）との社会保障関係の協約の締結も考えられる。これからの東アジアの近代化の進行の度合いは日本の福祉システムにおける在日外国人の位置に根底から影響を与えるであろう。

注

（1）吉岡増雄『在日外国人と社会保障—戦後日本のマイノリティ住民の人権』社会評論社、一九九五。
（2）高橋昭「外国人労働者とわが国の社会保障法制」社会保障研究所編『外国人労働者と社会保障』東京大学出版会、一九九一、一一頁。
（3）前掲高橋（一九九一）、同頁。
（4）河野正輝『社会福祉の権利構造』有斐閣、一九九一、二五五頁。
（5）小川浩一「窓口からみた外国人労働者の人権と福祉—資格外就労者を中心に」『福祉展望』第一五号、東京都社会福祉協議会、一九九三、一八頁。
（6）前掲小川（一九九三）、一五頁。
（7）前掲小川（一九九三）、一三頁。
（8）大川昭博「在日外国人（外国籍市民）問題におけるソーシャルワーク的視点と課題—横浜市福祉局寿生活館の場合」『社会福祉研究』第八〇号、鉄道弘済会、二〇〇一、一三九頁。
（9）網野武博「外国人保育の課題と展望—わが国における行政の対応状況と保育所での受け入れ」『月刊福祉』第四号、全社協、二〇〇一、九一頁。
（10）藤村正之「福祉国家・中流階層・福祉社会」『社会学評論』四九—三、日本社会学会、一九九八、三六四—三六五頁。
（11）伊藤周平『福祉国家と市民権—法社会学的アプローチ』法政大学出版局、一九九六、三〇頁。

(12)武川正吾「市民権の構造転換―ひとつの素描」大山博他編『福祉国家への視座』ミネルヴァ書房、二〇〇〇、一三五―一三六頁。
(13)前掲武川(二〇〇〇)、一三七頁。
(14)堀勝洋「社会保障法判例」社会保障研究所『季刊社会保障研究』三二―三、東京大学出版会、一九九六。

おわりに

オリジナリティをめぐって、数学者のガウスの逸話がある。数学の天才といわれたガウスは完全主義者で、研究が完璧に完成しないと発表しないという癖があった。しかし、彼は様々に思い浮かぶ多くの数学的アイディアを日記に残してもいた。その一方で、辛口のガウスは他の数学者達の仕事の多くにケチをつけ、自分の方がより優れた着想を持っているとうそぶいていたのである。死後、ガウスの日記から発見された数々の着想は彼の口癖の通り、その時代の数学者達の半歩先を進むものであった。しかし、ガウスの着想が発表されたものでなかった以上、ケチをつけられつつも発表をしていた半歩遅れの数学者達の議論の方が、当該時代の仕事として蓄積されていったのである（森毅『世話噺数理巷談』平凡社、一九八五年）。

私達はこの逸話から何を学ぶことが出来るだろうか。確かに、ガウスのオリジナリティは時代の半歩先を歩んでいて、彼の天才性を示すものだったといえるであろう。他方、こういう考え方も可能である。天才ガウスの才能をもってしても、時代の半歩先までしか歩めなかったと。そして、大勢の数学者たちも半歩遅れまで迫っていたのであり、天才ガウスが登場しなかったとしてもやがてはそれらの着想は生み出されていたのかもしれない。天才から半歩遅れの人達の仕事が、時代の仕事として蓄積されていくことで、研究が進展していくこともあるのである。そこからは、ある着想や実績がそれを生み出した天才的な個人の業績として認知されるとしても、それを準備し、そこに至りえた「時代のオリジナリティ」というものが背後に存在しているのであり、天才の仕事というのもたまたまその「時代のオリジナリティ」を半歩先に進め現実化するだけだと捉えることも出来るのである。「個人のオリジナリティ」は、「時代のオリジナリティ」の前では半歩先までしかいけない、小さいものでしかないということにもなろう。もちろん、その小さな半歩はとてもすばらしいものであるのだが。

今回、武川正吾先生の『社会政策のなかの現代』と私の『福祉国家の再編成』の書籍が幸いにも二〇〇〇年度・日本社会学会大会でのテーマ・セッションの題材として取り上げられることになった。部会をご一緒した下平好博先生、鍾家新先生のご報告、また多くの方々のフロア参加と討論をえられ、福祉国家・福祉社会・社会政策などに関心をもたれる方々が一同に集合するにあたって、私達の書物が媒体となりえたようであれば、著者としてこれに優る喜びはない。さらに、そのようなテーマ・セッションでのリアリティあふれるコミュニケーションの軌跡を、今度はひとつの書物として、このような形で世に問う幸運に恵まれることにもなった。部会に関係された皆さんと時と所を共にした共同行為のアウトプットが形になったことに感慨を覚えると共に、この本自身がそのような多くの人々の共振によって織り成された産物として、〈福祉国家の社会学〉をめぐる「時代のオリジナリティ」を内包したものになっているのではないだろうかと思っている。

必ずしもそうはいえない場合もあろうが、学問が前に向けての蓄積と進展を果たしていくものだとするならば、私達個々人がその時々に出していくささやかな仕事は、社会学や社会科学の大きな流れの中では泡のようにはかないものであることが多い。しかし、そのようなささやかな仕事が交錯するところに、時代が辿りえた最大公約数であり最小公倍数でもある、何らかの達成が刻印されていくこともあるのだろうと思う。卓越した「個人のオリジナリティ」から半歩遅れで歩む「時代のオリジナリティ」とは、そういうものとして生み出されていくのだろう。

最後に、日本社会学会大会でのテーマ・セッションのコーディネーター役をかって出ていただいたばかりでなく、本書の企画・編集の仕事で「時代のオリジナリティ」を引き出すにあたって、大いなるご尽力を惜しまれなかった三重野卓先生のコンダクターぶりに心よりお礼を申し上げておきたい。本当にどうもありがとうございました。

二〇〇一年一一月　晩秋・江古田の研究室にて。

藤村　正之

執筆者紹介

三重野 卓（みえの たかし）奥付参照

藤村 正之（ふじむら まさゆき）　上智大学文学部教授
1980年、一橋大学社会学部卒業、1986年、筑波大学大学院社会科学研究科社会学専攻博士課程修了、博士（社会学）。東京都立大学人文学部助手、武蔵大学社会学部教授などを経て現職。
専攻：福祉社会学、文化社会学、社会学方法論。
〈主要著作〉『福祉国家の再編成』（東京大学出版会、1999年）『社会学の宇宙』（共編、恒星社厚生閣、1992年）『仕事と遊びの社会学』（共著、岩波書店、1995年）『福祉社会事典』（共編、弘文堂、1999年）『非日常を生み出す文化装置』（共編、北樹出版、2001年）

武川 正吾（たけがわ しょうご）　東京大学大学院人文社会系研究科・文学部助教授
1979年、東京大学文学部社会学科卒業、1984年、同大学院社会学研究科博士課程単位取得退学。社会保障研究所研究員、中央大学助教授などを経て現職。
専攻：社会政策、社会計画。
〈主要著作〉『地域社会計画と住民生活』（中央大学出版部、1992年）『福祉国家と市民社会』（法律文化社、1992年）『福祉社会の社会政策』（法律文化社、1999年）『社会政策のなかの現代』（東京大学出版会、1999年）『福祉社会――社会政策とその考え方』（有斐閣、2000年）

下平 好博（しもだいら よしひろ）　明星大学人文学部教授
1985年、法政大学大学院社会科学研究科社会学専攻博士課程単位取得退学。社会保障研究所研究員を経て現職。
専攻：社会政策学、経済社会学。
〈主要著作〉『外国人労働者と社会保障』（社会保障研究所編、分担執筆、東京大学出版会、1991年）『ネオ・コーポラテイズムの国際比較』（稲上毅ほか、分担執筆、日本労働研究機構、1994年）『講座社会学・労働』（稲上毅・川喜多喬編、分担執筆、東京大学出版会、1999年）『先進諸国の社会保障・スウェーデン』（丸尾直美・塩野谷祐一編、分担執筆、東京大学出版会、1999年）『福祉政策の理論と実際――福祉社会学研究入門』（三重野卓・平岡公一編、分担執筆、東信堂、2000年）

鍾 家新（しょう かしん）　明治大学政治経済学部助教授
1986年、中国華南師範大学卒業。1987年、中国政府派遣留学生として来日。1994年、筑波大学大学院博士課程社会科学研究科社会学専攻修了、博士（社会学）。弘前学院短期大学講師・助教授、白梅学園短期大学助教授を経て現職。
専攻：福祉社会学、家族社会学、歴史社会学、日中比較研究。
〈主要著作〉『日本型福祉国家の形成と「十五年戦争」』（ミネルヴァ書房、1998年）『中国民衆の欲望のゆくえ――消費の動態と家族の変動』（新曜社、1999年）

■編者紹介

三重野 卓(みえの たかし) 山梨大学教育人間科学部教授

1974年、東京大学文学部社会学科卒業、1979年、同大学院社会学研究科博士課程単位取得退学。社会保障研究所研究員、防衛大学校助教授などを経て現職。

専攻:福祉社会学、「生活の質」研究、政策科学、計量社会学。

〈主要著作〉『福祉と社会計画の理論――指標・モデル構築の視点から』(白桃書房、1984年)『「生活の質」の意味――成熟社会、その表層と深層へ』(白桃書房、1990年)『「生活の質」と共生』(白桃書房、2000年)『福祉政策の理論と実際――福祉社会学研究入門』(三重野卓・平岡公一編、東信堂、2000年)『日本社会の新潮流』(直井優ほか編、分担執筆、東京大学出版会、1993年)

〈シリーズ社会政策研究 1〉

福祉国家の社会学――21世紀における可能性を探る

2001 年 11 月 30 日　初 版 第 1 刷発行　〔検印省略〕

2003 年 6 月 20 日　初 版 第 2 刷発行

*定価はカバーに表示してあります

編者© 三重野卓　発行者 下田勝司　印刷・製本 中央精版印刷

東京都文京区向丘 1-20-6 郵便振替 00110-6-37828　発行所

〒 113-0023 TEL (03) 3818-5521(代) FAX (03) 3818-5514　株式会社 東 信 堂

E-Mail tk203444@fsinet.or.jp

Published by TOSHINDO PUBLISHING CO., LTD.

1-20-6, Mukougaoka, Bunkyo-ku, Tokyo, 113-0023, Japan

ISBN4-88713-420-7 C3336